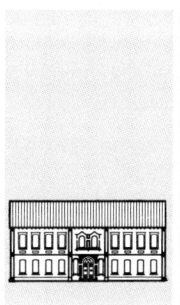

NORDFRIISK
INSTITUUT

Max Lorenzen

Kinderjahre
an der Nordseeküste

Verlag Nordfriisk Instituut, Bräist/Bredstedt 1996

Die Deutsche Bibliothek – CIP-Einheitsaufnahme

Lorenzen, Max:
Kinderjahre an der Nordseeküste / Max Lorenzen. Nordfriisk
Instituut, Bräist/Bredstedt, NF. –2. Aufl. - Bräist/Bredstedt, NF :
Nordfriisk Inst., 1997
(Nordfriisk Instituut; Nr. 141)
ISBN 3-88007-244-2
NE: Nordfriisk Instituut <Bredstedt>: Nordfriisk Instituut
Umschlaggestaltung: Roswitha Distler-Lorenzen

Nr. 141

2. Auflage 1997
© Verlag Nordfriisk Instituut, D-25821 Bräist/Bredstedt, NF, 1996
Lektorat: Prof. Nils Århammar (Gösta M. Nissen)
Gesamtherstellung: Clausen & Bosse GmbH, D-25917 Leck, NF
ISBN 3-88007-244-2

Kinderjahre an der Nordseeküste

Vorwort

Da der erste Band meiner Erinnerungen „Eine Kindheit hinter den Deichen Nordfrieslands" eine unerwartet große Leserschaft fand und mich zahlreiche Zuschriften erreichten, fühlte ich mich ermutigt, eine Reihe weiterer Erlebnisse aus jenen Jahren niederzuschreiben.

Auch für das vorliegende Buch hat Professor Nils Århammar vom Nordfriisk Instituut das Lektorat übernommen und als volkskundlich interessierter Sprachforscher die friesischen Zitate und Ausdrücke in der Fahretofter Mundart „Fräsch" überprüft bzw. ergänzt. Sie sind bewußt in einer volkstümlichen Schreibweise gehalten und erscheinen hier in Kursivschrift mit deutscher Übersetzung. Für seine Mitwirkung an der Herausgabe meiner beiden Bücher möchte ich Professor Århammar an dieser Stelle nochmals herzlich danken.

Mit den nachfolgenden Erzählungen schließe ich die Aufzeichnungen aus meiner Kindheit ab und hoffe, mit diesen Geschichten ein Stück Leben aus jener Zeit eingefangen und für die Zukunft aufgehoben zu haben.

Dagebüll-Fahretoft, im Herbst 1996

Max Lorenzen

Regenwolke über der Redlefswarft in Ockholm (1995)

Nachbar Anton

Gegenüber unserer Gastwirtschaft auf der Gabrielswarft betrieben Markus und Duje einen kleinen Bauernhof, der mich besonders seiner beiden Pferde wegen anzog. Tante Duje, beleibt und schwerfällig, hatte in der Küche nach Norden hin ihren festen Platz am Tisch vor einem der beiden winzigen Sprossenfenster. Von dort aus konnte sie „de lütje Chaussee" bis zum Holländerdeich hinunter überblicken, und man sagte, bisher sei diese noch von keiner Person bei Tageslicht benutzt worden, ohne daß Duje es bemerkt hätte.

Markus dagegen war alt und schwach, und sein Tun beschränkte sich hauptsächlich darauf, darüber zu wachen, daß in Haus und Hof sparsam gewirtschaftet wurde. So hörte ich ihn einmal schimpfen: „De eene Dag Fisch un de anner Dag Bütt, dat kann doch nich chahn an!", woraus man gleich entnehmen konnte, daß er aus Angeln stammte.

Die Hauptperson des Betriebes war ohne Zweifel Anton, der erwachsene, aber noch ledige Sohn. Er teilte sich die Fülle der Arbeit abwechselnd mit einer der drei jüngeren Schwestern, während die anderen beiden als Dienstmädchen auswärts Geld verdienten.

Anton wie auch die jeweilige Schwester arbeiteten von früh bis spät im Stall und auf dem Feld, zumal das Einkommen aus dem geringen Landbesitz von gut 20 ha weder den Umbau der altertümlichen, unpraktischen Stallungen noch die Anschaffung von zeit- und kräftesparenden Gerätschaften erlaubte. So wurde zwangsläufig harte körperliche Arbeit verlangt, die kaum mal ein Ausspannen zuließ.

Dennoch hatten sie, wenn ich bei ihnen auftauchte, für mich immer ein wenig Zeit und ein freundliches Wort bereit. Dies führte dazu, daß ich manche freie Stunde bei ihnen verbrachte und gelegentlich durch mein Mitanpacken eine Hilfe sein konnte.

Im Winter half ich im warmen, nur mit einer alten Windlaterne spärlich beleuchteten Kuhstall – 'e Bousem – beim Füttern des wohl 25 Stück zählenden Viehbestandes, trug von hinten her über die „Grüpp" – 'e Group – zu den jeweils zu zweit stehenden Tieren Heu hinauf und füllte mit erheblichem Kraftaufwand an der Handschwengelpumpe die „Nost" – 'e Noost –, den großen Wasserbehälter zum Tränken des Viehs. Auch half ich bisweilen beim Melken, wobei die Mädchen mir netterweise Kühe zuwiesen, denen sich die Milch am leichtesten entlocken ließ.

War die Fütterung – *dat Jooen* – beendet und die Stalldiele säuberlich gefegt, wurde ich mit zum Abendbrot hineingebeten. Der Tisch zeigte sich hier meistens reichlicher als bei uns zu Hause mit Butter, Schmalz, Wurst und Käse gedeckt. Die Küche, nur durch die dünne Tür und eine Stufe vom Viehstall getrennt, war daher im Winter auch immer mollig warm. Ich saß neben Tante Duje, doch zwischen uns legte Nelli, der riesige Jagdhund, sein Kinn auf den Tisch und wurde von meiner Nachbarin mit allen guten Sachen versorgt. Das ständige, geräuschvolle Schnappen des gutmütigen Tieres nach den leckeren Brocken ließ seinen ungeheuren Appetit erahnen.

Neben meinem Hund Treu, der mir nicht auf den Bauernhof folgen wollte, war Nelli mein bester Freund. Seine beeindruckende Größe jagte allen anderen Kindern Angst ein, und um so mehr genoß ich Nellis Vertrautheit. Ich ritt auf ihm, schob meine Hand furchtlos in seinen zahnbewehrten Rachen und balgte mich mit ihm herum, wobei ihm sein schwerer Körper zustatten kam. Nelli war bei allen Vorhaben den ganzen Tag um uns und immer zum Spielen mit mir aufgelegt.

An den nur kurzen hellen Nachmittagen im Winter drosch Anton bei aufgestellter Obertür in der Scheune – *oun 'e Låå* – täglich eine ausgebreitete Lage Hafergarben, deren Ähren zur Mitte hin übereinander geschichtet waren. Das Stroh, dem mit Bedacht noch ein Rest Korn belassen wurde, bekamen am Abend die Tiere vorgelegt, die es in dieser Aufbereitung mit großem Appetit verzehrten.

Ich ging, wenn ich die dumpfen Schläge im Zweisekundentakt hörte, gerne zu dem einsamen Drescher – *di Tjarscher* – in die Scheune und sah ihm zu. In seiner gelassenen Art ließ er den

Hartholzknüppel mit leichtem Schwung über seinem Kopf kreisen und dann zielgenau Schlag neben Schlag auf die Garben – *dä Hooke* – sausen. Das sah alles ganz einfach aus. Als Anton mir jedoch einen kleineren Dreschflegel zum Probieren gab, merkte ich bald, daß viel Übung zum richtigen Dreschen gehört, und unser Zusammenspiel im Takt abwechselnder Schläge gelang immer nur für kurze Zeit.

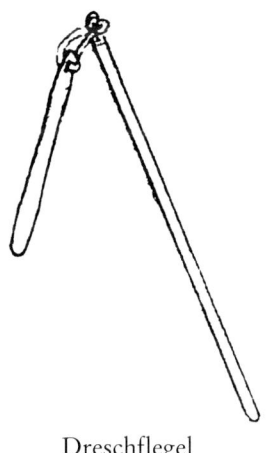

Dreschflegel
– *Flåil* –

Dagegen sah ich auf dem Bauernhof von Bottschlott mehrfach, wie vier Männer gemeinsam droschen, ohne daß sich die Flegel auf dem Boden oder beim Schwungholen in der Luft jemals berührten. Diese wirbelnden Knüppel, von denen sich in den verschiedenen Schwungphasen stets drei in der Luft befanden, und ihre unglaublich schnelle Schlagfolge waren ein spannendes Schauspiel, von dem ich mich nur schwer trennen konnte.

Großvater, dem ich dieses Erlebnis berichtete, bestätigte mir, daß eine solche Gruppe gut aufeinander eingespielt sein und viel Erfahrung haben müsse. Übrigens habe einer der Drescher, für den Zuschauer allerdings kaum erkennbar, die Leitung der Gruppe. Dieser bestimme sowohl das Tempo der Schläge als auch das Weiterrücken auf den ausgebreiteten Garben und trage für den gründlichen Ausdrusch der Körner die Verantwortung.

Das Lohndreschen, das auf den verschiedenen Bauernhöfen den ganzen Winter über andauere, sei eine harte Arbeit und werde zudem schlecht entlohnt. Hinzu komme, daß Schimmel von feuchtgeborgenem Korn bei den Dreschern eine nicht ungefährliche fiebrige Krankheit auslösen könne, die dann diese Tätigkeit für den einmal Befallenen für immer verbiete.

Nahte das Frühjahr, begann Anton, sobald es die Witterung erlaubte, mit dem Dungfahren, und ich war wieder mit dabei. Das Tageslicht reichte gerade für zwei Fuhren: eine am Vormittag und eine am Nachmittag. Die beiden Leiterwagen, ein großer breiter und dahinter ein kleinerer, wurden neben den Misthaufen – *'e Schann-* oder *Mjuksståål* – gefahren und von Anton beladen. Ich begleitete die Nachmittagsfuhre, wobei ich die Zügel – *dat Läi* – führte. Die Pferde kannten längst den altgewohnten Weg, doch lernten sie merkwürdigerweise nicht, bei den Wegebiegungen so weit auszuholen, daß auch der zweite Wagen mit um die Kurve kam und nicht in den Graben abrutschte. So hieß es für mich, an diesen Stellen die Zügel energisch anzuziehen. Ich war nicht wenig stolz darauf, daß Anton meiner Fahrkunst vertraute und erst in einiger Entfernung gemütlich nachfolgte.

Unsere Fahrt führte in den Bottschlotterkoog hinunter. Über den Ebens- und den Finsterweg erreichten wir die verfallenen

Der Bauernhof von Markus und Duje auf der Gabrielswarft

Reste des ehemaligen Gutes Reeder, wo jetzt Magnus und Gethe lebten. Kurz danach bogen wir links ein und mußten noch drei Fennen überqueren. Hier übernahm der schmalen Durchfahrten wegen Anton das Lenken, und ich öffnete und schloß die Hecktore – *dä Häge.*

Am Ziel bekam ich die Zügel wieder in die Hand. Anton schob das schmale Seitenbrett des Wagens hoch, und während ich in Abständen von etwa zehn Schritt immer wieder anhielt, zog er mit dem Misthaken den Dung portionsweise herunter. Diese Haufen mußten später vor dem Pflügen noch in zäher Handarbeit gleichmäßig übers Feld ausgestreut werden.

Waren die Wagen leer, setzten wir uns auf zwei mit Heu gepolsterte Säcke, ließen die Beine seitlich herabbaumeln und fuhren zurück nach Hause. Nach dem Abschirren begannen wir sogleich mit dem Viehfüttern, fuhren den Mist aus den „Grüppen" mit Schubkarren auf den Dunghaufen hinaus, melkten die Kühe und pumpten die „Nost" voll. Schließlich saßen wir am Abendbrottisch und besprachen die Arbeit für den nächsten Tag. War es um Lichtmeß, den 2. Februar, so überschlug Anton wie auch Vater bei uns zu Hause, ob der Wintervorrat an Heu und Stroh reichen würde. Von alters her gilt dieses Datum als die Mitte des Winters, so daß die Hälfte der ursprünglichen Menge möglichst noch vorhanden sein sollte.

Das nächste wichtige Datum war der Petritag – *di Paddersdäi* – am 22. Februar. An diesem Tag, so hieß es, fällt ein heißer Stein ins Wasser, und das Eis schmilzt von unten her. Wir Kinder, von den Eltern gewarnt, wagten uns deshalb nur noch mit Vorsicht auf die zugefrorenen Wasserflächen. Großmutter verkündete zudem: *„Paddersdäi äs nü forbai, Nåchtert foue we bai Däi."* (Petritag ist nun vorbei, Abendbrot bekommen wir bei Tag.) Und so geschah es: Von nun an nahmen wir unser Abendessen bei Tageslicht ein.

In diesem Zusammenhang erzählte Großvater einmal eine lustige Geschichte: Ein geiziger Bauer wollte noch früher an der Beleuchtung sparen, und so aßen sein Knecht und er oft bei völliger Dunkelheit. Eines Abends gab der Knecht dabei einen unterdrückten Wehlaut von sich, und der Bauer wollte wissen, was geschehen sei. Nach anfänglichem Zögern kam die Antwort: „Och, ick heff mi bloots de Näs an de Bodder stött." Von da an wurde nicht mehr am Licht gespart.

Gelegentlich ging ich auch zum Pflügen mit ins Feld hinunter und lenkte die Pferde. Diese Arbeit war allerdings weniger unterhaltsam, da das ermüdende Auf und Ab des Furchenziehens nicht viel Abwechslung bot. Zudem umgaben sich meine Holzschuhe immer wieder mit Kleiklumpen und erschwerten mir das Laufen. Nur einmal wurde diese Eintönigkeit unterbrochen, als ich zwei Kiebitznester mit insgesamt sechs Eiern fand, die der Wasserprobe nach alle frisch waren. Wie üblich beförderte ich den zerbrechlichen Fund unter meiner zum Glück übergroßen Pudelmütze auf dem Kopf und brachte ihn heil nach Hause. Dort briet ich die Eier auf Speckscheiben und lud meine beiden kleinen Geschwister Erich und Mariechen zu dem unvorhergesehenen, leckeren Mahl ein.

Im Spätsommer trafen mein Vater und ich auf dem Weg über die seinerzeit gepflügte Fenne, die mit Hafer besät worden war, zufällig den alten Bauern Markus, der die Reife des Korns überprüfte, indem er Ähren durch seine Hand gleiten ließ. „Na, Markus, bist du denn mit de Hower tofreden?" erkundigte sich Vater. „Jo, Sönke, dat bin ick. Wenn allns klor geiht, warrn wi hier 15 Zentner op 't Demat (0,5 ha) hemm, un dat is mehr as gut." Als wir weiter-

Drees Juler, Walter und Anton bei der Haferernte (1925)

gingen, meinte Vater, daß die aufwendige Bestellung mit Mistfahren, Pflügen, dem tagelangen Eggen und schließlich dem mühsamen Säen mit der Hand eigentlich einen höheren Ernteertrag verdient hätte.

Soweit ich nicht in unserer eigenen kleinen Landwirtschaft gebraucht wurde, fuhr ich mit Anton auch zum Heumachen. Bei ihm wurden natürlich die Pferde für die schwerere Arbeit eingesetzt. Ich durfte die Schwälmaschine fahren, ein mit hohen eisernen Rädern und gebogenen Zinken versehenes Gefährt, das die Heuschwaden zu Wällen zusammenharkte. Eine wunderbare, für mich ehrenvolle Aufgabe, bei der sogar Hebel zu bedienen waren. Anton schob die Wälle dann mit dem „Toombrett" – *dat Tiemboord* – zusammen, einem ganz einfachen, aber praktischen, vom Pferd gezogenen Holzschlitten, bevor er die Diemen – *dä Ruke* – errichtete. Dadurch war die Arbeit hier viel schneller und leichter zu bewältigen als bei uns zu Hause.

Hatten wir abends die Pferde abgeschirrt, hob Anton mich auf den Rücken des alten Fanni, und ohne Zaumzeug oder Halfter ritt ich, mich mit einer Hand an der Mähne festhaltend, auf die Weide, wohin uns das andere Pferd freilaufend folgte. Je nach Schwere der Tagesarbeit waren die beiden mal mehr, mal weniger zu einem kleinen Trab oder gar Galopp aufgelegt. Meist aber schafften es die Aufforderungen meiner nackten Beine und gutes Zureden nicht, sie in eine schnellere Gangart zu versetzen. Dann zogen wir gemütlichen Schrittes südlich um den Kirchhof herum auf dem Brorensweg entlang zu der ihnen wohlbekannten Fenne. Vor dem Hecktor hielten sie brav an, ich ließ mich hinabgleiten und öffnete es. Zuweilen warfen sie sich sogleich auf den Rücken, und es war für mich ein beeindruckender Anblick, wie diese sonst so ernsten Tiere ihre schweren Beine und klobigen Hufe unbekümmert in der Luft bewegten. Bis zum nächsten Morgen um fünf Uhr blieb ihnen nun Zeit zum Grasen und Schlafen.

An einem der nächsten Tage holten wir das Heu auf zwei hochbeladenen Fuhren vom Feld. Sobald wir die zu durchfahrenden Hecktore hinter uns hatten, hangelte ich mich am Tauwerk auf das hintere, kleinere Fuder hinauf. Wegen der starken Schwankungen des Wagens auf dem unebenen Weg war das keine leichte Sache. Aber schließlich saß ich oben im weichen, duftenden Heu und genoß die schöne Aussicht ins weite Land. Da der Kleiweg sowohl das Pferdegetrappel als auch das Rollen der Räder verschluckte, schwebte ich lautlos über die Felder dahin.

Nach einer Weile lockte es mich, auf das vordere, höhere Fuder hinüberzuklettern. Ich griff nach dessen in Längsrichtung liegendem Baumstamm, dem „Punterboom", der die Heuladung nach hinten überragte, und versuchte, an ihm den Abstand der beiden Wagen zu überwinden. Doch ihre meist gegenläufigen Schwankungen erschwerten mein Vorhaben beträchtlich. Mit Armen und Beinen umklammerte ich schließlich den rohbehauenen, mit spitzen Astresten behafteten Punterbaum und rutschte mühevoll darauf nach vorne.

Plötzlich verspürte ich einen heftigen Schmerz am rechten Schienbein, aber ein Zurück war nicht mehr möglich. Erst als ich festen Untergrund auf dem Vorderwagen gefunden hatte, sah ich nach der Ursache und traute meinen Augen nicht: Ein Fleischlappen in der Größe eines Männerdaumens lag nach unten geklappt auf meinem Fußgelenk! Was mich noch mehr erschreckte, der Knochen war ein ganzes Stück weiß und bloß sichtbar, doch nur ganz wenig Blut sickerte aus den Wundrändern hervor. In meiner Verzweiflung packte ich den Fleischlappen, drückte ihn in die längliche Mulde zurück und preßte meine Hand fest darauf.

Anton schien etwas gemerkt zu haben; er hielt die Pferde an und kam auf den Knien nach hinten gekrochen, besah sich die Wunde, entnahm seiner Hosentasche ein blaues, noch sauber zusammengefaltetes Taschentuch und knotete es stramm um mein Bein. Nun trieb er die Pferde zur Eile an, und meine Gedanken kreisten um die Frage, ob die Wunde wohl genäht werden müsse. Auf dem Hof angekommen, trug er mich auf seinen starken Armen ins nahe Haus meiner Eltern.

Wie ich geahnt hatte, entspann sich sogleich eine erregte Debatte darüber, ob Dr. Michelsen aus Niebüll zum Nähen herbeigerufen werden solle. Doch war es schon Abend, das nächste Telefon in der Poststelle weit entfernt und ein Eintreffen des Arztes mit dem Pferdegespann vor dem nächsten Nachmittag nicht zu erwarten.

Ich bettelte inständig, von dem Arztbesuch abzusehen, und schließlich wollte man die Nacht abwarten. Mutter machte Kamillenumschläge, und ich verbiß mir die Schmerzen. Nach einigen Tagen entzündete sich die Wunde, und Fieber kam hinzu. Doch zum Nähen war es nun zu spät, und zwei Wochen lang mußte ich das Bett hüten, das man mir zuliebe in das Wohnzimmer gestellt hatte. Als die schönen Sommerferien zu Ende gingen, war ich zur Freude meiner Eltern so weit genesen, daß ich den kurzen Weg zur Schule humpeln konnte. Mir aber waren die Ferien zum größten Teil verdorben.

Die Heilung machte langsam Fortschritte, doch eine Reststelle der Wunde wollte sich absolut nicht schließen. Rotes Gewebe schien hervorzuquellen, das man „wildes Fleisch" – *will Flååsch* – nannte. Nun nahm Antons Schwester Marie, die früher gerne Krankenschwester geworden wäre, sich meiner in liebevoller Weise an. Allabendlich verband sie mein Bein mit Binden, die sie aus alten, aber gekochten Bettbezügen schnitt. Als keine der vielen ausprobierten Salben und Umschläge helfen wollten, zerstampfte sie in einem Mörser Zucker zu Pulver und streute es dick auf die hartnäckige Wunde. Und siehe da, in wenigen Tagen schloß sich die Stelle endgültig, und nur eine große hufeisenförmige Narbe erinnert noch heute an Antons schlecht bearbeiteten Punterbaum.

Der Bauernhof mit seinen Pferden blieb auch weiterhin Anziehungspunkt in meiner freien Zeit. Vor dem Wintereinbruch wollten Anton und ich im Spätherbst weit unten im Koog die Schafe nach Hause holen. Um uns hinwärts den weiten Umweg zu ersparen, nahmen wir seinen Klootstock mit und gingen querfeldein, wobei wir fünf bis sechs Wassergräben zu überwinden hatten. Ich war das Überspringen von Gräben von klein auf gewöhnt, hatte

Vater mir doch schon zu meinem fünften Geburtstag einen wunderschönen Kinderklootstock in seiner Werkstatt hergestellt, mit dem ich über Jahre eifrig geübt hatte.

Die vielen Wassergräben rund um uns her waren eine stete Aufforderung, unsere Fertigkeit im Springen zu vervollkommnen. Mein Bruder Fidi schaffte die breitesten Wasserläufe und versuchte sich sogar im Rückwärtsspringen. Einmal hatte er dabei allerdings Pech, weil sein Klootstock in der Mitte des Grabens senkrecht im Morast steckenblieb. Zwar hielt er sich noch eine erstaunliche Weile oben an der Stange und war bemüht, durch Hin- und Herschwenken der Beine das Ufer zu gewinnen – doch ohne Erfolg. Auch wir, die wir an der Kante standen, konnten ihm nicht helfen. So rutschte er Stück um Stück tiefer und tiefer, bis er im Wasser versank und sich mit rudernden Armen ans Ufer rettete.

Die ersten Gräben, die der Jahreszeit entsprechend hoch mit Wasser angefüllt waren, bewältigte ich mit Antons Klootstock ohne Mühe. Doch unten im Koog wurden sie immer breiter, und der allerletzte vor unserem Ziel war so angeschwollen und tief, daß ich glaubte, ihn nicht bezwingen zu können. Anton sprang wie immer als erster hinüber und stieß den in Grabenmitte steckenden Klootstock zu mir zurück. Mir war das Wagnis zu groß, so daß er mir schließlich anbot, mich auf seinem Rücken hinüberzutragen. Auch das zerstreute meine Bedenken kaum, da ich im Notfall nicht einmal würde schwimmen können. Das könne er, meinte Anton, auch nicht.

Unserem Ziel so nahe, entschied ich mich schweren Herzens dann doch für sein Angebot. Ich kletterte auf seinen Rücken, Anton nahm einen kleinen Anlauf, ergriff den bereitgestellten Klootstock, und wir glitten ganz dicht über der Wasserfläche dem jenseitigen Ufer entgegen. In der Mitte des Grabens jedoch zerbrach der Springstock unter der doppelten Last, und wir versanken in der kalten Flut. Unheimlich lautes Gurgeln und tiefe Dunkelheit umfingen mich urplötzlich. Ich schlug wild um mich, rang nach Luft und versuchte zu schreien. Allmählich wurde es etwas heller, und ich fühlte Grund unter meinen Händen. Verstört und erschöpft,

aber glücklich, dem Wasser entronnen zu sein, kroch ich an Land –
genau an der Kante, von der aus wir abgesprungen waren.

Wo aber war Anton? Mit Mühe drehte ich mich um und ge-
wahrte ihn am gegenüberliegenden Grabenrand. Er winkte mir
kaum merklich zu, und ich wußte, daß er froh war, mich in Sicherheit zu sehen. Nach kurzem Verschnaufen rafften wir uns auf und
stiegen an Land. Über das uns trennende Wasser hinweg meinte er
dann: „Dat weer de ole Klootstock wull toväl. Ober dat ging je
noch enigermoten gut af." Anton fischte den halben Springstock
heraus und schickte mich auf dem Umweg über die Wiesen nach
Hause. Er aber, der zufällig auf der richtigen Seite des Grabens ge-
landet war, wollte trotz unseres Mißgeschicks auch ohne meine
Hilfe die Schafe mitnehmen, obgleich ihm nun niemand die Hecktore zwischen den einzelnen Fennen öffnen und schließen konnte.

Als ich nach einer guten halben Stunde zu Hause ankam, war
mein Zeug schon fast trocken. Trotzdem mußte ich auf Mutters
Anweisung sofort ins Bett. Offenbar hatte ich lange geschlafen,
denn als ich erwachte, war es draußen schon ganz dunkel. Meine
Sachen hingen rundum am warmen Ofen und waren nun vollends
trocken. Beim Abendbrot fragten meine beiden kleinen Geschwister immer wieder, wie es im Wasser gewesen sei und ob ich den
Buuschemann gesehen hätte. Da aber alles so schnell verlaufen war,
konnte ich nur wenig berichten, und den langarmigen Wasserkerl
hatte ich natürlich im Graben auch nicht getroffen.

Von den großen Mengen Heu, die Anton für seinen Viehbestand
im Winter benötigte, fand nur ein Teil auf seinem Hausboden und
in der Scheune Platz. Der Rest wurde draußen in „Klampen", in
Form von hohen Heudiemen aufbewahrt. Somit standen alle Jahre
drei bis vier solcher Heuklampen – *Foodderklumpe* – unten vor der
Gabrielswarft, die im Laufe des Winters nach Bedarf mit nicht geringem Aufwand ins Haus geholt werden mußten.

Um sie gegen Durchfeuchtung und somit vor Fäulnis zu schüt-
zen, wurden ihre Spitzen im Herbst sorgfältig zum Ableiten des
Regens hergerichtet und gegen Sturm mit vier steinbeschwerten
Leinen über Kreuz behängt. Zu diesem Zweck stieg Anton an

einer langen Leiter hinauf und ließ von dort oben die Kokostaue – *dä Täige* – mit den Ziegelsteinen daran herabgleiten. Meine Aufgabe bestand darin, durch Zuruf die gleichmäßige Höhe der Gewichte anzugeben. Ich rannte deshalb von einer Leine zur anderen um den Klamp herum, als es auf einmal dumpf krachte und alles um mich in Dunkelheit versank. Zu meiner großen Verwunderung kniete Anton plötzlich neben mir, der doch eben noch hoch oben auf der Leiter stand. Mir brummte der Schädel, doch war ich wieder hellwach und überdachte das merkwürdige Geschehen.

Anton hatte vergeblich auf meinen Zuruf gewartet und schließlich nach dem Rechten sehen wollen. Er stieg herab und fand mich blutend und regungslos im Gras liegen. Ein Stein hatte genau meinen Kopf getroffen. Wie im Jahr zuvor leistete Anton mit einem frisch gewaschenen blauen Taschentuch erste Hilfe. Wenn sich das Tuch und mein weißblondes Haar auch sofort rot färbten und sich im Nu eine hohe Beule bildete, so hatte der Unfall keine weiteren Folgen. Auch dieses schmerzliche Vorkommnis konnte mich nicht davon abhalten, weiterhin an dem abwechslungsreichen Leben bei Nachbar Anton teilzunehmen.

Wir gehen angeln

Bisher haben meine Fänge bei Mutter eher Mitleid als Lob hervorgerufen. Doch jetzt habe ich einen neuen Angelstock, eine lange Rute aus Bambusrohr günstig eintauschen können, und mit dieser soll sich nun die Ausbeute steigern.

Mit meinen Freunden Paul und Korl bin ich heute früh um drei Uhr verabredet, und schon höre ich unseren Erkennungspfiff. Wir schultern unsere Angelstöcke, nehmen unsere Eimer mit dem Essensvorrat, den Regenwürmern, Bindfäden und Messern auf und ziehen los.

Unser Weg führt nach Waygaard zum Kanaldeich mit der Schleusenanlage, die den Wasserausgleich zwischen dem Bottschlottersee und dem Bongsieler Kanal regelt. Dort haben wir die Möglichkeit, sowohl in der Anlage selbst als auch in den beiderseits angrenzenden Gewässern zu angeln.

Die Zeit für den Anmarsch schätzen wir auf eine Stunde, so daß wir um vier Uhr unsere Angeln auswerfen können. Morgens in aller Frühe gibt es den besten „Biß", weil die Fische dann von der Nacht her hungrig sind, hat Korls Vater gesagt.

Die Dorfstraße auf dem Holländerdeich entlang liegt noch verlassen da. Nur ein Mäher mit seiner Sense über der Schulter und sein „Vonstreicher" mit der großen Holzharke gehen seitwärts in den Bottschlotterkoog hinunter. Nächste Woche soll ich bei Onkel Kikke auf der Jannenswarft für mindestens drei Tage das abgemähte Gras von der Schnittkante wegstreichen. Keine erfreuliche Aussicht, zumal Onkel Kikke den ganzen Tag kaum ein Wort sagt.

Aber heute wollen wir angeln, die Sonne scheint, und es verspricht, ein schöner Tag zu werden. Alle drei haben wir zum erstenmal einen richtigen Angelstock, dessen Länge es uns ermöglicht, mindestens drei Meter weiter draußen zu fischen, wo sich erfahrungsgemäß die größeren Fische aufhalten. Die bisherigen Stöcke, die wir aus unseren Weidenbäumen geschnitten hatten, waren gar zu kurz, was unsere Fangergebnisse auch zeigten. Doch nun werden sie bestimmt besser.

Bei der „Burg" – nach unserer einhelligen Meinung beherbergte diese Warft in alten Zeiten eine trutzige Wehranlage mit etlichen Türmen – treffen wir auf den Bottschlottersee, der ebenfalls viele Angelmöglichkeiten bietet. In den Reetbuchten steht herrlich klares Wasser, das auch viele Fische enthält. Aber wir gehen heute an dem blank daliegenden See vorbei und genießen seinen zu dieser frühen Stunde ungewöhnlich schönen Anblick.

Ringsum ist alles still; sogar die Kühe rechter Hand im Blomenkoog schlafen noch. Nur einzelne erheben sich aus dem taufeuchten Gras, recken und strecken sich ausgiebig, wobei sich ihr

Schwanz über dem Rücken kringelt. Nach einem kräftigen Schnaufer und Ausschütteln des schweren Kopfes beginnen sie grasend ihr Tagewerk.

Momme Simons auf dem Bottschlottersee

Am Ende unserer geraden Klinkerchaussee liegt die uralte Waygaarder Mühle, die ich gern besuche, weil sie mit ihrem gewaltigen Räderwerk immer wieder meine Neugier weckt. Auf der hohen Mühlenwarft bietet sie mit dem ruhenden Flügelkreuz ein schönes Bild.

Kurz vor der Mühle biegen wir nach links ab, gehen an dem Bauernhof Grönewarft vorbei und erreichen auf dem niedrigen Kanaldeich die Schleusenanlage. Die Bewohner des dort stehenden

Wärterhauses liegen noch im Schlaf. Wir kennen den riesengroßen, betagten Johann Koch und seine fast gleich große Frau von früheren Angelbesuchen her. Obwohl ihm als Schleusenwärter das Fischen um die Anlage herum alleine zusteht, hat er nichts gegen unser Angeln einzuwenden. Er kommt sogar immer mal bei uns vorbei und fragt teilnehmend nach unserem Fangglück. Er selbst beschränkt sich auf den Reusenfang, den er nur im Herbst und Frühjahr betreibt.

Wie Momme Simons, der draußen im Bottschlottersee fischt, mir einmal erzählte, fängt er gelegentlich auch Schollen dort, obwohl sie eigentlich ausgesprochene Salzwasserfische sind. Er vermutet, daß diese Art bei der um 1633 erfolgten Abdeichung in dem damaligen Nordseetief verblieben sind und sich über die Jahrhunderte allmählich auf Süßwasser umstellten. Vater meint dazu, diese Tatsache wäre eigentlich einer genauen Untersuchung wert.

Und noch etwas Erstaunliches erzählte mir Momme: Seit Jahrzehnten beobachte er einen ganz bestimmten riesigen Karpfen mit einer auffälligen Narbe über dem stark bemoosten Nacken; aber weder mit Angeln, Reusen noch mit Schleppnetzen sei es ihm bisher gelungen, dieses Tier zu fangen. Nach Mommes Ansicht müsse es aufgrund seines hohen Alters – Karpfen können angeblich über 100 Jahre alt werden – so klug und erfahren sein, daß es sich allen Fangversuchen zu entziehen wisse.

Wir drei stellen unsere Eimer auf die breite Umfassungsmauer der Schleusenanlage und machen unsere Angeln gebrauchsfertig: Ein Wurm wird auf dem Haken entlanggezogen; der Schwimmer, aus einem Flaschenkorken und einer Gänsefeder gebastelt, den wir „Fedderpos" nennen, wird auf die geschätzte Tiefe eingestellt, und schon kann das Fischen beginnen. Wir werfen unsere Angel mal hier, mal dort aus, bleiben aber immer in Rufverbindung und teilen uns gegenseitig unsere Erfahrungen wie auch Erfolge mit. Über uns jubilieren die Lerchen, ein Kuckuck ruft von einem Zaunpfahl jenseits des Kanals zu uns herüber, und Kiebitze zeigen ihre Flugkünste und rufen immer wieder ihren plattdeutschen Namen: „Kie-wiet, Kie-wiet, Kie-wiet-wiet-wiet, Kie-wiet!"

Nicht lange, und schon richtet sich Korls Federpose ruckartig auf; offensichtlich ein „Biß". Nun nicht nervös werden! Der Schwimmer muß vom Fisch erst ganz unters Wasser gezogen sein. Paul und ich verfolgen von unserem Standort aus das Geschehen. Korl zieht langsam die Beute näher heran und damit schließlich einen kleinen Barsch an Land. Nicht gerade ein Grund zum Jubeln, aber immerhin ein Anfang. Barsche sind zwar wegen ihres guten Geschmacks und der wenigen Gräten von uns geschätzt, aber sehr schwer zu entschuppen.

Paul hingegen hat einen mittelgroßen Weißfisch am Haken, der aber der vielen Gräten wegen weniger beliebt ist. Die gefangenen Fische werden in den mit Wasser gefüllten Eimer entlassen. Erscheinen sie uns jedoch zu klein und hat der Angelhaken lediglich den Knorpel im Mundbereich erfaßt, werfen wir sie wieder ins Wasser zurück, meist mit der „ernsten" Ermahnung, sich ja nicht wieder an unseren Wurm zu wagen.

Mit der Zeit haben wir alle drei einige Barsche und Weißfische in unseren Eimern, aber der erwartete große Fang ist das natürlich nicht. Trotzdem sind wir guten Mutes, essen unser mitgebrachtes Brot und trinken Tee aus der Flasche; sollte er nicht reichen, so haben wir hier ja genug Wasser.

Die Stunden vergehen wie im Fluge. Wir wechseln ab und zu unsere Standorte, aber ohne merklichen Erfolg. Vater erzählte mir, daß auch er als Kind so gern geangelt habe, aber kaum einmal dazu kam, weil er im Sommer meistens an einen Bauern verdingt wurde. Doch einmal stand er am Kanal bei Munksbrück und angelte, ohne den geringsten Biß zu haben. Zufällig kamen in einem kleinen Wagen mit zwei Ponys davor Zigeuner – auf friesisch *Tåådere* genannt – vorbeigefahren. In einiger Entfernung warfen auch sie eine Angel aus, und siehe da, sie holten einen ansehnlichen Fisch nach dem anderen aus dem Kanal. Wie viele es schließlich waren, konnte Vater nicht sagen, weil der Wagen langsam weiterzog und über die alte Holzbrücke nach Waygaard hineinbog.

Vater dagegen hatte immer noch nichts gefangen, und er vermutete, daß diese Fahrensleute besondere Tricks kannten oder ein

Witterungsmittel zum Anlocken der Fische benutzten. Von seinem alten Onkel Sibbern hatte er einmal gehört, daß solch ein Mittel aus den langen Beinen der fischfressenden Graureiher gewonnen werden könne. Seitdem gucke ich immer den vorüberfliegenden Reihern nach, die womöglich dieses Wundermittel mit sich tragen.

Die Sonne brennt auf unsere kurzgeschorenen Köpfe. Wir ziehen die Hemden aus, tauchen die nackten Beine immer mal wieder ins Wasser und freuen uns über den schönen, ungetrübten Tag. Im Südwesten bauen sich allerdings einige dicke Wolken auf; ob wir „en Tunnerwäerflååge", einen Gewitterschauer, zu erwarten haben? Wir sehen nach dem Stand der Sonne; es mag vier Uhr nachmittags sein. Nach Hause zu gehen, wo doch der große Fang jeden Augenblick eintreten kann, kommt uns nicht in den Sinn. Es wäre schon deshalb dumm, weil Fische bei Gewitterluft besonders gut anbeißen sollen.

Für alle Fälle gehe ich schon mal zum alten Schuppen des Schleusenwärters hinüber und erkunde, ob er unverschlossen ist und uns womöglich Regenschutz bieten kann. Er kann. So lassen wir in Ruhe die dunklen Wolken näherkommen und glauben, daß das ferne Donnern uns einen guten Fang verspricht. Erwartungsvoll halten wir unsere Federposen im Auge, aber sie rühren sich nicht. Sollte das mit den tollen Fängen bei heraufziehenden Gewittern leeres Gerede sein?

Doch dann hat Paul einen großartigen Biß. Der Schwimmer rast davon. Paul gibt fachmännisch Leine und zieht dann langsam wieder an. Auch Korls Federpose taucht weg und meine wippt schon eine ganze Weile. Der große Augenblick ist da!

Paul zieht mit Bedacht den schweren Burschen an Land: einen prächtigen Hecht. Korl hat Kummer mit seinem Fang, weil er sich in Wasserpflanzen verwickelt hat. Ich hole meine Leine vorsichtig ein, damit nicht Haken und Beute abreißen. Was ich schon am zarten Wippen des Schwimmers zu erkennen glaubte, zeigt sich als Tatsache: Ein schöner, dicker Aal kommt an die Wasseroberfläche! Da brauche ich Hilfe beim Abhaken, denn Aale können im Nu die ganze Leine verknoten. Deshalb verzögere ich erst einmal das Heranholen.

Paul hat inzwischen seinen Hecht im Eimer und kommt zu mir gerannt. Ein grollender Donner läßt uns prüfend ins Wetter blicken. Mit dem fachkundigen Mittelfingergriff nimmt Paul meinen glatten Schlammbewohner am Ufer in Empfang und trägt ihn zu mir herauf. Vorsichtig kann ich den Angelhaken entfernen und den Aal unverletzt in meinen Eimer gleiten lassen. Zur Sicherheit lege ich ein Brett darauf.

Während die Blitze bedenklich näherkommen, laufen wir zu Korl. Seine Angelschnur hat sich noch immer nicht aus den Wasserpflanzen gelöst. Da schnelle Hilfe nicht möglich ist, beschweren wir den Angelstock mit Steinen, damit er nicht ins Wasser gezogen werden kann. Schon fallen die ersten schweren Regentropfen, wir ergreifen unsere abgelegten Kleidungsstücke und eilen in den Schuppen. Wir freuen uns über diese großartige Unterkunft, ziehen unsere Hemden und Jacken an und setzen uns auf eine abgestellte Schubkarre.

Ein heftiges Gewitter geht nieder. Blitz und Donner folgen in immer kürzeren Abständen, aber wir fühlen uns hier sicher. Nach Abzug des Wetters treten wir fröstelnd nach draußen ins nasse Gras, laufen zu Korls Angelstock und sehen mit Schrecken, daß dieser mindestens fünf Schritt vom Ufer entfernt im Kanal schwimmt. Was nun? Korl ist ratlos. Doch Paul und ich holen unere Stöcke und können damit nach einigen Mühen seine Angel an Land ziehen. Mit großer Enttäuschung müssen wir aber feststellen, daß der Fisch sich losgerissen hat und entwischt ist. So ein Pech!

Da mein Aal ohnehin nicht für unsere siebenköpfige Familie reichen würde, biete ich Korl meinen Fang an, der für ihn und seine Eltern genügen könnte. Er aber lehnt ab. So packen wir in etwas gedrückter Stimmung unsere Sachen zusammen. Es ist plötzlich kalt und windig geworden; also auf nach Hause!

Nachdem ich alles geschultert habe, greife ich nach meinem Eimer, der mir seltsam leicht vorkommt. Ich hebe den Deckel ab und erstarre: Mein fetter Aal hat sich davongemacht! Korl und Paul bedauern mich.

Schweigsam im Gänsemarsch verlassen wir die Stätte der anfangs so hoffnungsvollen Stunden. Als Trost bleibt uns, daß wenigstens Paul seiner Mutter einen prächtigen Hecht mitbringen kann. Und je mehr wir uns unserem Zuhause nähern, desto fester wird unser Entschluß, nach der Heuzeit wieder angeln zu gehen.

Unsere Schwester Erna

Meine Mutter lebte als Kind auf der Jannenswarft, dem Bauernhof ihres Großvaters Sönke Hansen, der gleichzeitig Bürgermeister von Fahretoft war, und erlernte durch ihre Mithilfe im Haushalt und in der Landwirtschaft alle bäuerlichen Tätigkeiten. Als junges Mädchen hatte man sie für ein Jahr als „Haustochter mit Familienanschluß", wenn auch ohne Gehalt, zur vornehmen Familie Jürgensen nach Husum gegeben, um ihr Umgangsformen in Haushalten gebildeter Stadtbewohner nahezubringen.

Die Nachwirkungen dieser „Bildungszeit" machten sich in unserer Familie bei festlichen Gelegenheiten bemerkbar, wenn auf weißgedecktem Tisch uns unbekannte, meist weniger beliebte Gerichte der sogenannten „feinen Küche" mit dem Hinweis aufgetragen wurden, so habe man bei Jürgensens gespeist. Aber auch sonst, wenn nach unserer Meinung die Kartoffeln nicht ganz gar geworden waren, hieß es, in Husum seien sie stets in diesem Zustand gereicht worden; das sei eben vornehm.

Nun war meine Schwester Erna fast 18 Jahre alt, hatte bereits mehrere Stellungen als Dienstmädchen auf Bauernhöfen gehabt und besaß somit in allen vorkommenden ländlichen Arbeiten vom Melken bis zum Schweine-, Gänse- und Hühnerschlachten hinreichende Fertigkeiten. Nach Mutters Überzeugung fehlten ihr nur noch Kenntnisse für die Bereitung erlesener Speisen und entsprechende Umgangsformen, um gegebenenfalls für eine Heirat in einen gehobenen Stand gerüstet zu sein. An Verstand und gutem Aussehen hingegen fehle es ihr nicht.

Zunächst war auch für sie eine Haustochterstelle in einer „besseren Familie" vorgesehen, doch dann befand Mutter einen halbjährigen Lehrgang in der Heimvolkshochschule Leck mit seinem umfassenden Bildungsangebot als die vorteilhaftere Lösung. Zwar überstiegen Ausstattung und Heimkosten eigentlich unsere wirtschaftlichen Verhältnisse um einiges, doch sei dieses Geld ihrer Meinung nach für die Zukunft ihrer Tochter gut angelegt.

Bis tief in die Nächte fertigte Mutter nun mit ihrer Handnähmaschine Kleider, Unterröcke und spitzenbesetzte Leinenhemden. Dann kam der Tag des Abschieds. Mit einem von Vater „fast wie neu" ausgebesserten Koffer auf dem Gepäckträger des teuren Damenfahrrades Marke Görike, das Großvater gestiftet hatte, ging es unter Tränen auf die etwa 20 km lange Reise ihrer einstweiligen, fremden Heimstatt entgegen.

Eintreffende Briefe kündeten von anstrengendem Unterricht in Deutsch, Literatur, Bürgerkunde und Handarbeit, aber auch von Singen, Sport und Wanderungen, so daß kaum Zeit für das sie sonst so quälende Heimweh übrigblieb. Nach einigen Wochen kam Erna zum erstenmal auf dem von uns Geschwistern bewunderten Fahrrad übers Wochenende nach Hause, und wir erlebten manchen Beweis des Könnens unserer nun schon recht gebildeten Schwester. Das sonntägliche Mittagessen, von ihr gekocht, schmeckte fremdartig, und der Schnittsalat aus unserem Garten war anstatt mit Rahm und Zucker nun mit Essig und Öl angemacht, was außer Mutter niemandem so recht munden wollte. Wir Kinder mußten plötzlich die Gabel in die linke Hand nehmen und gleichzeitig das Messer mit der rechten führen. Erst willig versuchend, bald aber in unserem Eifer erlahmend, erhielten wir eine Lernfrist bis zum nächsten Wochenendurlaub in einem Monat.

Am Nachmittag wollte Erna unvermittelt unsere Hände sehen.

Ich hatte zwar, solches vorausahnend, vorsichtshalber am Morgen das „große Waschen" mit Hals und Ohren durchgeführt, doch den Händen keine besondere Aufmerksamkeit geschenkt. Und schon galten die meinen als abschreckendes Beispiel. Neben der Sauberkeit kam es ihr auf die Pflege der Fingernägel an. Unter den Augen der übrigen Geschwister schnitt sie meine kurz und rund, feilte sie

Schwester Erna mit Erich und Mariechen (1924)

nach und schob das Nagelbett bei allen zehn Fingern ziemlich unsanft nach oben, damit „der Halbmond" hübsch und groß hervortrete.

Wir atmeten auf, als Erna gegen Abend wieder ihr blitzblankes Fahrrad bestieg und über den Moordeich, durch Risum, Lindholm und schließlich am Bahndamm entlang zur Heimvolkshochschule zurückfuhr. Dennoch waren wir alle auch ein bißchen stolz auf unsere große Schwester, die uns Kindern manches Neue aus einer uns fremden Welt ins Haus brachte.

Einer ihrer nächsten Besuche stand offensichtlich unter dem Motto: Bildung. Erna brachte Bücher mit Gedichten und Reclamhefte zum Lesen von Theaterstücken mit. Einige Gedichte von Theodor Storm, von Klaus Groth und Mathias Claudius kannten wir zwar schon, aber sie las uns auch andere vor, die sich nicht schlecht anhörten.

Doch dann nahm sie ein Heft mit einem Theaterstück von einem Dichter Lessing zur Hand, das „Minna von Barnhelm" hieß. Ich kannte eine Minna aus Ockholm, unserem Nachbarort, die weder hübsch noch nett war, weswegen mir die aus Barnhelm sogleich wenig sympathisch erschien. Ich wollte mich verdrücken, doch das ging nicht, denn wir wurden, so Erna, alle gebraucht. Nach ihren festen Vorstellungen sollten wir das Theaterstück mit verteilten Rollen lesen.

Na, das gab Aufruhr! Vater lehnte ein Mitwirken ab, weil seine Brille ein Glas verloren habe. Diese Begründung leuchtete Erna ein. Fidi stand wortlos auf und verschwand trotz Protestes von allen Seiten. Die beiden kleinen Geschwister, Erich und Mariechen, kamen ihres geringen Alters wegen nicht in Frage. Ich wollte meiner Schwester ja gerne den Gefallen tun, doch war mir meine Leseschwäche, die man heute sicher als Legasthenie mittleren Grades einstufen würde, sehr wohl bekannt, und ich befürchtete peinliches Versagen.

Schließlich verteilte Erna die Rollen auf uns drei Verbliebene: Sie selbst übernahm natürlich die Rolle der Minna und die ihrer Zofe. Da Vater ja leider ausfiel, erhielt Mutter den Part des Tellheim und den des Dieners Just. Und ich sollte den geschäftstüchtigen Gastwirt mimen.

Wie ich schon geahnt hatte, mißriet mir bereits der Anfang völlig. Die Sprache des Wirts war mir derart fremd, daß selbst Ernas gutgemeinte Hilfen wenig nützten. Aber auch Mutter hatte mit ihrem Tellheim offensichtlich Schwierigkeiten, und so gaben wir zu meiner großen Erleichterung das Vorhaben auf, bevor Minna überhaupt in Erscheinung trat. Erna war zum Glück einsichtig, und ich schlug als Ausgleich das von mir geliebte Spiel „Mensch, ärgere dich nicht!" vor, was sogleich die Zustimmung der ganzen Familie fand und auch Fidi wieder zum Vorschein kommen ließ.

Für meine Schwester sollte dieses Lustspiel später zu ihrem ersten großen Theatererlebnis werden. Wie immer zum Abschluß eines jeden Lehrganges wurde von der Heimvolkshochschule mit allen Teilnehmern ein größerer Ausflug unternommen, der dieses Mal mit einem Zwischenaufenthalt in Hamburg nach Göttingen führte. Erstmals in einer Großstadt, verpaßte Erna die Abfahrt des Zuges und mußte nun die Weiterreise alleine unternehmen. So saß sie mit ihrem von Mutter schick umgearbeiteten Hut, mit Mantel und Handschuhen im Eilzug und überlegte, wie sie wohl in Göttingen ihre Gruppe wiederfinden würde.

In Hannover stiegen fünf junge Männer zu ihr ins Abteil. Wie sich aus ihrer Unterhaltung bald entnehmen ließ, waren es Bauernsöhne aus Nordfriesland. Sie sprachen friesisch und kamen, wie Erna unschwer heraushörte, aus Risum und Lindholm. So weitab der Heimat waren sie völlig sicher, daß niemand sie verstehen könne, und so wurde auch meine Schwester zum Thema ihres Gesprächs. Ohne eine Miene zu verziehen, las sie scheinbar versunken in „Minna von Barnhelm", deren Aufführung sie am nächsten Abend im Stadttheater Göttingen besuchen sollte. Dabei vernahm sie Schmeichelhaftes über ihr Aussehen und Belustigendes über die Einschätzung ihrer beruflichen Tätigkeit.

„Hinnerk, wat mienst dü, wus dåt ai wat for de? Dü seechst duch åltens nuch en snuus Wüf." – *„Dü liewe Good, wat schall ick ma sü'n Stääsfoommen, wat niinj Kü foon e Stier üttenouder kånne koon!?*

31

Wat mienst dü wäll, wat min Mamm säit, wan ick ma har aw 't Stää kömm? Jü dreid dör!" (Hinrich, was meinst du, wäre das nicht was für dich? Du suchst doch immer noch eine hübsche Frau. – Du lieber Gott, was soll ich mit einem Stadtmädchen, das keine Kuh vom Ochsen unterscheiden kann? Was meinst du wohl, was meine Mutter sagen würde, wenn ich mit ihr auf den Hof käme? Sie würde durchdrehen!)

Auch die anderen mischten sich nun ein und meinten, daß Erna ja wohl im Haushalt nicht immer Handschuhe tragen würde, und wenn sie den Hut abnähme, käme vielleicht ein ganz normales Mädchen zum Vorschein. Außerdem sei sie ja noch jung genug, um landwirtschaftliche Arbeiten zu lernen. Ob man nicht mal ein Gespräch mit ihr anknüpfen solle? *„Ours wat säit huum tu sü'n smuck Foommen aw huuchtjüsch?"* (Aber was sagt man zu einem solchen hübschen Mädchen auf hochdeutsch?)

Erna blickte nach einer guten Weile von ihrer Lektüre auf, sah zum Fenster und fragte mit ernstem Gesicht: *„Kone jäm äi iessen dat Wänning en läit ämenmååge? Me tänkt, dat äs heer bäisti wurm."* (Könnt ihr nicht mal das Fenster ein bißchen aufmachen? Mich dünkt, es ist hier schrecklich warm.)

Den verblüfften jungen Männern blieb der Mund offenstehen. Noch nie hatte Erna solche verdutzten Gesichter gesehen. Erst nach einiger Zeit fanden sie ihre Sprache wieder, und alle, einschließlich Erna, mußten herzlich lachen. Die jungen Leute konnten nicht fassen, daß hier in der Fremde ein Mädchen perfekt Friesisch beherrschte. Und als Erna erzählte, daß sie bereits mit zwölf Jahren das Melken gelernt und bis vor wenigen Monaten zeitweilig morgens und abends fünf Kühe gemolken habe, wollte das Staunen kein Ende nehmen. Schließlich gab sie zu erkennen, daß sie aus dem Nachbardorf Fahretoft komme, und bevor sie in Göttingen aussteigen mußte, verabredeten sie untereinander, sich auf dem Weihnachtsball in der Gastwirtschaft bei Kicke Boysen in Risum wiederzutreffen.

Ernas 18. Geburtstag sollte „als Beginn des schönsten Alters im Leben eines jungen Mädchens", wie Mutter ernst erklärte, dieser Bedeutung entsprechend gefeiert werden. Es wurden Kuchen gebakken, eine Schichttorte mit Ernas Namen und einer großen 18 in der Mitte kunstvoll garniert und fünf Freundinnen eingeladen. Ich war in der festlich hergerichteten Stube nicht erwünscht und saß mit Treu in der Küche. Doch als die lustige Gesellschaft auf den Gedanken kam, durch „Tischrücken" etwas über ihre nähere und fernere Zukunft zu erfahren, schickte Erna mich zu Großvater, um seinen kleinen dreibeinigen Mahagonitisch auszuleihen, der sich dafür gut eignete, weil er angeblich „besonders willig auf Fragen antwortete".

Nach dem Heranschaffen des Tisches blieb ich unauffällig im Zimmer, um diesem seltsamen Tun, von dem ich schon gehört hatte, einmal nahezusein. Auch die Erwachsenen betrieben gelegentlich das Tischrücken, wie ich wußte, wobei einige Nachbarn die „Antworten" recht ernst nahmen, während meine Eltern das ganze nur als ein lustiges Spiel betrachteten.

Auch das Weissagen aus der Lage der in der Tasse verbliebenen Teeblätter – *dat Spoien* – wurde bei uns mit einem nachsichtigen Lächeln bedacht. Dagegen kannten wir Nachbarinnen, die bei auffälligen Blattansammlungen ihre Tasse vorsichtig zu Tante Hanne in den Koog hinuntertrugen, um sich daraus kommende Ereignisse deuten zu lassen.

Sich um den zierlichen Tisch gruppierend, legten die jungen Mädchen zuerst die Funktionen der einzelnen Tischbeine für die Antworten „Ja", „Nein" und für das Zählen fest und machten sie mit Kreide auf der Platte kenntlich. Sodann suchten vier Paare gespreizter Hände mit dem kleinen Finger den Kontakt zu denen der Nachbarinnen, so daß sich ein geschlossener Kreis am Rand des Tisches bildete.

Als Geburtstagskind durfte Erna die ersten Fragen stellen. Nach verlegenem Zögern wollte sie wissen, ob ihr Freund Ludolf, der vor kurzem bei der Polizei in Kiel eine Anstellung gefunden hatte, ihr treu sei. Gespannte Ruhe. Alle Aufmerksamkeit richtete sich auf die Ja- und Nein-Beine des Tisches. Aber nichts rührte sich.

Nochmals mußte Erna die Frage deutlich vernehmbar stellen. Wiederum lange, erwartungsvolle Stille, während der meine Schwester mir richtig leid tat. Aber dann endlich ergab ein langsames Anheben des Beines und dessen hörbares Absetzen auf den Fußboden die Antwort „Ja!".

„und suchten mit dem kleinen Finger Kontakt zur Nachbarin."

Alle atmeten erleichtert auf, und Erna war sichtlich gerührt. Nun drängte man sie zu fragen, wie viele Jahre noch bis zur Hochzeit vergehen würden, und der Tisch klopfte sechs mal. Schließlich wollten die Mädchen wissen, wie viele Kinder Erna bekommen würde. Als das Klopfen nicht enden wollte und erst bei 19 aufhörte, wurde Erna unruhig und Mitleid kam unter ihren Freundinnen auf. Nun durften auch sie reihum Fragen stellen, die sich fast nur um Freundschaften und Verlobungen drehten, viel Lachen hervorriefen und mir ziemlich langweilig erschienen.

34

Ich hatte mir gerade ein trächtiges Kaninchen ertauscht und hätte deshalb gerne gewußt, wieviel Junge es wohl bringen würde. Als die Gesellschaft sich gerade mal müde gelacht hatte, brachte ich schnell meinen Wunsch vor. Erna war gegen meine, wie sie fand, dumme Frage, doch die übrigen wollten mir den Gefallen erweisen. Ich mußte die Frage selbst stellen, und alle schienen ebenfalls neugierig auf das Ergebnis zu warten. Zu meiner Freude klopfte es neunmal, was einen guten Wurf versprach, und ich war sehr zufrieden.

Schließlich brachte ich den Tisch wieder zurück und ging zu meinem vielversprechenden Kaninchen in den Stall. Nach 14 Tagen jedoch lagen nur vier Junge im warmgepolsterten Nest, und ich wußte nun, daß dieses Tischrücken großer Quatsch ist, wie ich mir schon gedacht hatte. Übrigens stimmten auch Ernas Vorhersagen nicht. Ihr Freund war durchaus nicht treu, wie sich zu ihrem Kummer sehr bald herausstellte; andererseits bekam sie zu ihrem Glück auch keine 19 Kinder, sondern nur fünf Jungs, die ihr aber auch schon in den Kriegsjahren genug Arbeit und Sorgen bereiteten.

Unsere Hühner

Zu „unse Höhner" – *öös Hånne* – hatte ich im Vorschulalter ein besonders enges Verhältnis. Sie besaßen in einer Ecke unseres Stalles ihren geräumigen Schlafplatz über dem Schweinekoben. Bei der Ausgestaltung unseres neuen Hauses um 1912 hatte Vater als Tischler seinem künftigen Federvieh anscheinend eine besonders schöne Unterkunft zugedacht, die wir „Rick", auf friesisch *Rack* nannten.

Unter diesem Rick befanden sich acht voneinander getrennte gemütliche Nistplätze. Vor ihnen hatte Vater einen Steg angebracht, der den legebereiten Hühnern erlaubte, an den Nestern entlangzuschreiten und sich das beste auszusuchen. In jedem lag als Aufforderung zur Vervielfältigung ein Kalkei. Da Hühner, wie Vater sagte, nur bis eins zählen können, merken sie nicht, daß wir die frischen Eier immer wegnehmen. Warum sie trotz der großen Auswahl an Plätzen immer nur ganz bestimmte benutzten, so daß bei diesen Gedränge entstand und dann gelegentlich zwei Hühner im selben Nest eingekeilt gleichzeitig ihr Ei ablegten, war mir unverständlich.

Dennoch fanden die so schön mit Heu ausgepolsterten Nester den allgemeinen Zuspruch, und nur ganz selten traf ich in Brennnesselflächen oder anderswo auf Eier von „Weglegern", die aber meistens dann schon alt und somit „stank" – *stoonk* – waren.

Ein Nachteil der so schönen Nestanlage war allerdings, daß man die Eier nur unter Betreten des Schweinekobens entnehmen konnte. Je nach der Größe der Insassen, deren Sättigungsgrad und ihrer Laune mußte man den günstigsten Zeitpunkt zum Eierholen abwarten. Auch spielte die Tageszeit der ordnungsliebenden und überaus sauberen Borstenträger eine Rolle, da sie sich im Schlaf ungern stören ließen und das – wenn auch in gutmütiger Weise – durch „Sabbern" an unseren Beinen zum Ausdruck zu bringen wußten. Unter soviel erforderlicher Rücksichtnahme wurde Mutters Geduld bei dem täglichen Eierbedarf häufig ziemlich strapaziert, und wir erwogen, die Nester an eine andere, jederzeit zugängliche Stelle zu bringen. Doch es blieb bei diesen Überlegungen.

Das Rick bot reichlich Raum für 20 Hühner, die auf zwei Reihen parallel verlaufender Holzstangen ihren Platz fanden. Obwohl unsere bunte Vogelschar meist nur um die 15 Tiere zählte, entstanden alle Abende beim Aufsuchen der Schlafplätze große Zankereien. Und immer waren es dieselben, wie ich genau beobachtete, die als letzte zaghaft die Leiter betraten, oben durch die lange Reihe der bereits Sitzenden hindurchgehen mußten und von fast allen mit einem kräftigen Schnabelhieb auf den Kopf bedacht wurden.

Erst wenn alle ihre Plätze eingenommen hatten, leitete endlich ein gemeinsamer, friedlich klingender „Gutenachtgesang" zur Ruhe über.

Zu den Vielgehackten gehörte auch meine kleine Lieblingshenne „de Tamme", die Zahme, um die es mir am meisten leid tat. Tagsüber begleitete sie mich oft in den Garten, wo ich ihr mit meinem Spaten Regenwürmer ausgrub oder Steine umwälzte, während sie dann blitzschnell Käfer und anderes Gewürm aufpickte. Auch von meinem Brot gab ich ihr, wenn sie bettelte, und jederzeit konnte ich sie auf den Arm nehmen. Aber es half nichts, sie war die kleinste und konnte sich gegen die anderen nicht durchsetzen.

So blieb ich über Jahre ihr Beschützer und mußte mich daher zwangsläufig mit der ganzen Hühnerschar in besonderer Weise beschäftigen. Ich lernte, daß die Hühner sommers und winters mit der Sonne „aufstehen" und mit ihr „ins Bett gehen". Da sich in unserer Stalltür ein Hühnerloch befand, das abends geschlossen und morgens geöffnet wurde, warteten die Hühner im Hochsommer – wenn die Sonne bereits um vier Uhr ihre Reise begann – jeden Morgen darauf, daß einer von uns zu dieser frühen Stunde aufwachte und sie ins Freie ließ.

Der Auslauf unserer Tiere erstreckte sich über die Warft und auf die angrenzenden Fennen. Die Weite des Reviers wurde von den Nachbarhühnern, richtiger gesagt, von den Hähnen der Umgebung bestimmt. Hatten wir einen stolzen, kräftigen Hahn – Mutter hielt sehr darauf –, gehörte nach meist heftigen Kämpfen, die fast immer blutig, gelegentlich sogar tödlich verliefen, unseren Hühnern ein nahezu unbegrenztes Gebiet.

Diese Hahnenkämpfe, die sich häufig über Tage hinzogen, versuchte ich durch tatkräftiges Eingreifen zugunsten des Schwächeren zu beenden. Doch meist ohne Erfolg. Auch die offensichtlich Unterlegenen konnten es nicht lassen, ohne erkennbaren Grund doch wieder das Revier des Stärkeren zu betreten und damit neue Kämpfe auszulösen. Vater hatte schon recht, die Hühner sind wirklich ein dummes Volk.

Während der warmen Tageszeit saßen sie gerne unter unserem Holunderstrauch – von uns „Flederboom", auf friesisch *Hillebuum* genannt –, wo sie auch ihre Sandbadeplätze hatten. Dort waren sie weitgehend vor dem Habicht, dem *Hånnetief* („Hühnerdieb"), aus der Luft sichtgeschützt. Dennoch äugte unser Hahn immer wieder mit schräggelegtem Kopf zum Himmel, um seine Schar rechtzeitig durch seinen Alarmschrei zu warnen. Geschah das auf freier Fläche, flohen die Hühner panikartig ins nächste Gebüsch oder ins Reet an der Grabenkante.

Einige der „guten" Hühner legten bis tief in den Herbst hinein täglich ihr Ei. Im Winter aber hockten sie blaß und lustlos im Stall herum. Lag draußen Schnee, mußten sie ohnehin drinnenbleiben, weil sie sonst schneeblind werden konnten und nicht wieder nach Hause fanden. Kam endlich der Frühling, färbte sich der Kamm allmählich wieder rot; nach und nach begannen sie zu „klagen", wie es hieß, was ich aber mehr als ein behagliches Singen empfand. Von Mutter wurde diese Wandlung sehr aufmerksam verfolgt, versprach sie doch in absehbarer Zeit wieder frische Eier. Die im Herbst als Wintervorrat in Wasserglaslösung eingelegten 80 bis 100 Stück reichten meistens nicht bis zum Frühjahr und waren im übrigen auch kein vollwertiger Ersatz für die frischen aus den Nestern.

Alle Jahre zog Mutter eine Schar Küken – *en Flooe Schücklinge* – auf. Die Henne, die als erste Brutneigung zeigte, also gluckte, bekam 10 Eier untergelegt, die mit Bedacht von bestimmten Hühnern aus der Nachbarschaft ausgewählt worden waren. Allen folgenden Glucken war das Mutterglück verwehrt; sie wurden unbarmherzig unter einen umgedrehten Eimer gesteckt, wo sie nach zwei bis drei Tagen Dunkelhaft ihre unwillkommene Brutbereitschaft vergaßen und schon bald die von uns erwartete Eierproduktion wieder aufnahmen.

Einmal ließ Mutter von unserer „großen Braunen" Enteneier ausbrüten. Acht Küken schlüpften. Sowohl die Glucke als auch die Entlein schien ihre unnatürliche Familienzusammensetzung nicht zu stören. Aber dann – ich wurde gerade Zeuge der Begebenheit – kam die bis dahin so harmonisch lebende Familie zufällig in die Nähe unseres breiten Wassergrabens, und flugs liefen alle acht Küken in das wohl schon lang entbehrte Naß. Die „Mutter" geriet außer sich vor Angst, rannte am Rand hin und her und flog schließlich, als die Kleinen sich immer weiter entfernten, auf eine im Graben schwimmende Wasserlinseninsel. Da diese sie natürlich nicht trug, versank sie mit ausgebreiteten Flügeln langsam in dem ihr fremden Element. Wäre ich nicht mit meinem Klootstock ihr zu Hilfe geeilt, hätte es ein Drama gegeben.

Wir umzäunten nun eine Fläche Grasland etwa in der Größe unserer Küche und stellten flache Behälter mit Wasser hinein, worin die Entenküken sich tummeln konnten. Aber eine gute Lösung war es dennoch nicht. Obwohl wir fleißig Wasser nachgossen, gediehen die Küken nicht so recht und sahen immer etwas struppig aus. Wir hatten den Eindruck, daß weder die Glucke noch die Jungen sich glücklich fühlten. Auch das spätere Verhalten der erwachsenen Enten unterschied sich merklich von den normal aufgezogenen Tieren, indem sie im Gegensatz zu diesen sich im Sommer nicht selbst ernährten, sondern fortwährend zu Hause herumsaßen und auf Mutters Fütterung warteten. So haben wir diesen Versuch auch nicht wiederholt.

Da Hühner bekanntermaßen wasserscheu sind, bevölkerten unsere an Regentagen den Stall und saßen gelangweilt auf den Trennwänden der Kuhstallplätze – den „Mittelschotten", *dä Mällschoote* – fast so aufgereiht wie Kinder in der Klasse. Da ich wegen des Wetters auch nicht hinauskonnte, kam ich auf den Gedanken, mit ihnen Schule zu spielen. In meinem Unterricht nahm das Singen von Kinderliedern den breitesten Raum ein. Von unserer sangesfreudigen Mutter kannte ich natürlich auch „Machen wir's den Schwalben nach, bauen uns ein Nest", „Vöglein im hohen Baum, klein ist's, man sieht es kaum" und „Ich habe den Frühling gesehen". Besonders gern hörte ich Mutter singen „Wer uns getraut", wenn Vater mit warmem Ton die Gegenstimme übernahm und sie im Duett den Refrain erklingen ließen. Immer wieder bettelte ich, sie möchten das Lied noch einmal anstimmen, wobei der Dompfaff für mich nur unser alter Pastor Schmidtpott sein konnte, der die beiden getraut hatte.

Auch ernste Ermahnungen richtete ich an meine „Schüler", wie zum Beispiel, daß sie das ewige Picken untereinander und besonders auf meine kleine Henne Tamme unterlassen sollten. Sie saß indessen auf meinem Schoß, wobei mir unser Melkschemel eine passende Sitzgelegenheit bot. Von diesem Spiel durften aber meine großen Geschwister möglichst nichts erfahren, denn sie hatten mich deswegen schon einmal ausgelacht. Mutter, die froh war, mich bei einem so ungefährlichen Tun zu wissen, verriet mich natürlich nicht.

Eines Tages aber enttäuschte mich meine Lieblingshenne aufs schwerste. Mein gleichaltriger Vetter Peter und ich hatten heimlich angebrütete Wildenteneier gesammelt, die meine gute Tamme nun zu Ende ausbrüten sollte. Wir bereiteten in einem Weidenkorb aus Heu und Stroh ein wunderschönes Nest, legten die sechs Eier hinein und setzten sie obendrauf. Doch das sonst so gutwillige Tier wollte absolut nicht auf den Eiern bleiben. Immer, wenn wir weggingen, folgte es uns nach. Schließlich banden wir Tamme auf dem Nest fest und legten ein Netz über den Korb; aber auch das half nichts. Im Gegenteil, sie flatterte und gackerte fürchterlich.

Dadurch aufmerksam geworden, überraschte uns Vater bei unserem seltsamen Vorhaben, bezichtigte uns der Tierquälerei und verfügte, die Eier sofort wieder ins Entennest zurückzubringen; so 'n Schiet!

Wie alles Schlachten war für mich auch das Töten der betagten Hühner eine traurige Angelegenheit. Obwohl ich die Notwendigkeit einsah, versuchte ich doch, den Zeitpunkt so weit wie möglich hinauszuschieben. Mutter hatte dagegen auch auf diesem Gebiet ihre festen Vorstellungen: Für Hühner im Alter von vier bis fünf Jahren war „ihre Zeit" gekommen, denn die Qualität als Suppenhuhn verringerte sich nun deutlich, und ebenso sank die Jahresleistung an Eiern unter 100 Stück. Also hieß es: Hühnerschlachten. Was auch Mutter einiges Unbehagen bereitete, war das Töten selbst. Sie bat daher jedesmal unseren alten Nachbarn Peter Euchler, diese unschöne Arbeit zu übernehmen, und entlohnte ihn mit einem großen Hausmannspunsch und einer guten Zigarre.

Peter schnitt den Hühnern einfach die Kehle durch und hielt sie so lange fest, bis sie ausgeblutet waren. Mein Bruder und ich empfanden dieses langsame Sterben als eine grausame, unnötige

Quälerei. Als wir größer wurden, haben wir diese Arbeit, wenn auch sehr ungern, übernommen und den armen Tieren mit einem Beil auf einem niedrigen Pfahl im Garten den Kopf abgeschlagen. Es kostete uns schmerzliche Selbstüberwindung, doch waren wir nun sicher, daß die Hühner nicht leiden mußten.

Meine kleine Tamme unterlag jedoch nicht Mutters Zeitplan, und so wurde sie uralt. Eines Tages jedoch war sie nicht mehr da, war einfach weg, und angeblich wußte niemand in unserer Familie um ihren Verbleib. Das war merkwürdig, aber allzulange dachte ich nicht darüber nach, weil ich inzwischen in die Schule gekommen war und dort neue Spielkameraden gefunden hatte.

Mit Korn zur Mühle

Von Zeit zu Zeit müssen wir Kinder zur Mühle gehen – *moune we Bjarne tu 'e Meeln gunge* –, um unser Korn für die Schweine und Hühner schroten zu lassen.

In unserer näheren Umgebung steht in Maasbüll eine Holländermühle mit Rundgang – dem Zwickgestell – und Windrose, wie Großvater mir als gelernter Müller fachmännisch erklärt; außerdem werden in Ockholm noch eine sehr einfache, alte Bockmühle und im nahen Waygaard eine Erdholländermühle mit „Steert" betrieben. Der Steert dient dazu, die Flügel mit der Hand über eine Spindelanlage in die jeweilige Windrichtung zu bringen, was bei modernen Mühlen mit Windrose selbsttätig geschieht.

Unsere Waygaarder Mühle, zu der ich immer gehe, hat eine achteckige Grundform und ist bis zum Erdboden mit Reet gedeckt. Nur einige kleine Fenster unterbrechen den wuchtigen, hohen Turm, dessen schlanke Flügel bis dicht über den Boden reichen.

In alten Zeiten stand, nur hundert Schritt ostwärts von unserem Haus, auch hier am Holländerdeich eine Mühle gleicher Bauart,

Bockmühle in Ockholm um 1930
(im Hintergrund, Mitte, die Kirche)

auf der Großvater 1868 von Leck aus als Geselle anheuerte. Dadurch lernte er in der Nachbarsfamilie seine Frau kennen, die später meine Großmutter wurde.

Diese Mühle mußte 1886 dem damaligen Chausseebau weichen. Der Ansatz der alten Mühlenwarft aber ist noch heute sichtbar und zieht weiterhin Kinder im Winter zu lustigen Schlittenfahrten an.

Wie ich von meinem Großvater als Fachmann weiter erfahre, wurden diese riesigen Mühlen Mitte des 18. Jahrhunderts zuerst in Holland gebaut, wodurch sie auch ihren Namen erhielten. Schon Jahrhunderte vorher ist dieser gelungene Mühlentyp aber von einem klugen Italiener, Leonardo da Vinci, erdacht und gezeichnet worden.

Nähere ich mich mit meinem beladenen Blockwagen der Mühle, so liegt rechts von ihr das kleine reetgedeckte Müllerhaus. Für die Pferdefuhrwerke führt um die ansehnliche Mühlenwarft ein Kleiweg herum, der hinten hart an der Kanalböschung entlanggeht. Je nach Windrichtung ist entweder die niedrige Lukentür im Süden oder die im Norden geöffnet, damit man die Mühle betreten kann, ohne durch die kreisenden „Roden" gefährdet zu werden.

Ich steige heute von Süden her die in die steile Warft eingelassenen Stufen hoch, blicke nach oben zur Mühle und prüfe die Lage. Immer beschleicht mich ein unangenehmes Gefühl, wenn ich so dicht an den mächtigen, in schneller Folge vorbeisausenden Flügeln vorübergehen muß, die zudem je nach Windstärke auch noch unheimlich zischende Geräusche von sich geben.

Bin ich glücklich an ihnen vorbei, werde ich in dem großen Innenraum, dem Mahlsaal, von Rattern und dumpfem Rumpeln empfangen. Sogar die dicken Bohlen des Fußbodens erzittern unter den mächtigen Kräften, die hier am Werk sind. Vorne am Eingang ist ein kleiner, eine Stufe tiefer gelegener Platz für die Mühlenbesucher erkennbar, wo ich erstmal stehenbleibe.

Rechts vor mir steht ein uraltes, einfach gezimmertes Pult, über dem eine Schiefertafel – früher auf friesisch *Rägenstien* („Rechenstein") genannt – mit den Namen der Kornanlieferer und deren Aufträgen hängt. Einige Griffel stecken in einer Tasse ohne Henkel. Auf der schrägen Platte liegt aufgeschlagen ein langes, dickes Eintragsbuch, von dem an einem Bindfaden ein Bleistiftstummel herabbaumelt. Hier wird alles notiert, was an Korn hereinkommt und als Schrot, Mehl oder Graupen die Mühle wieder verläßt.

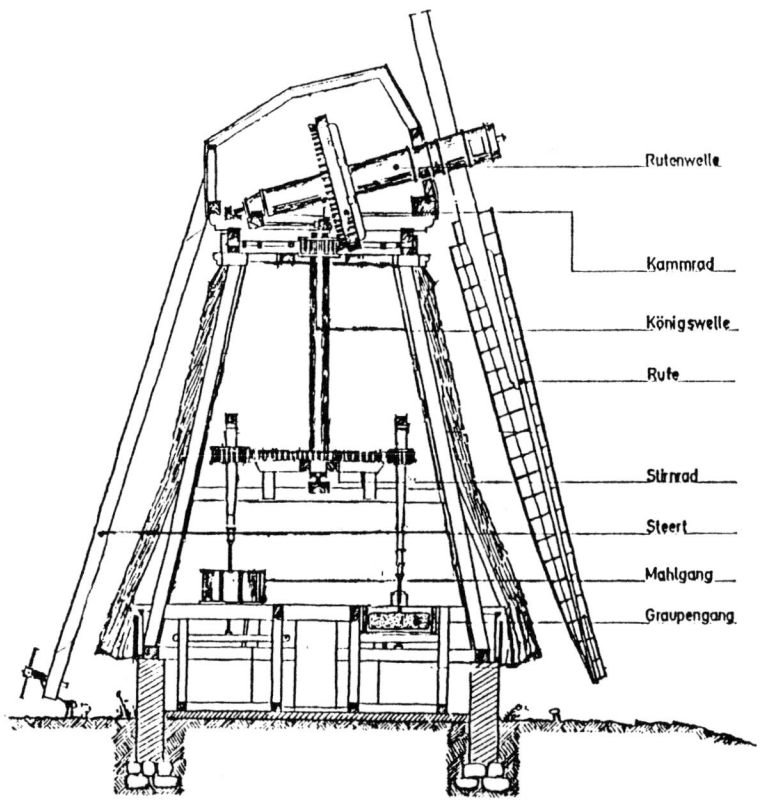

Rutenwelle

Kammrad

Königswelle

Rute

Stirnrad

Steert

Mahlgang

Graupengang

Reetgedeckte Holländermühle (Erdholländer) mit Steert

Weiter drinnen drehen sich senkrecht dicke Holzwellen, die in großen runden Behältern – den Mahlgängen – schwere Mühlsteine – die Läufer – antreiben. Ich höre sie deutlich knirschen und sehe, wie über ihnen aus einem Schütteltrichter ununterbrochen gleichmäßig Körner herabrieseln, im Mahlgang verschwinden und als Schrot unten im Sack aufgefangen werden.

Ringsum ist alles von Mehlstaub bedeckt, sogar die Gesichter des Müllers und seines stoppelbärtigen Sohnes Peter sind geisterhaft weiß anzusehen. Ich bleibe immer möglichst lange in der Mühle, denn auch Wunderdinge geschehen hier: So wirft der Müller mit leichter Hand eine Schlinge um „de Schnuut" – 'e Snütte –, die obere Bindung eines prall gefüllten Sackes, zieht ein wenig an einer herabhängenden Leine, und schon schwebt der Sack nach oben. In der Decke öffnen sich zwei Klappen, die schwere Last gleitet hindurch, und während die Luke sich selbsttätig schließt, ist der Sack entschwunden. Müller Hans Peter geht indes bereits bedächtig anderen Tätigkeiten nach, entnimmt hier prüfend eine Handvoll Mehl und stellt dort ein selbsttätiges Rüttelsieb neu ein.

Daneben achtet er darauf, daß ich nicht zu weit in den Raum vordringe. Sonst weist er mich mit einer freundlichen, aber unmißverständlichen Handbewegung wieder zum Eingang zurück. Meist gibt er sich wortkarg, aber mitunter kann ich sogar einige Fragen anbringen.

Wir nennen ihn unter uns „Erken", was er aber nicht hören darf. In seinem Wiedingharder Friesisch heißt „jeder" erken, was bei uns aber als arken ausgesprochen wird. Dieser kleine Unterschied in der Aussprache hat ihm den Spitznamen eingebracht. Trotz solcher Abweichungen können wir beide uns in dem „zweierlei Friesisch" gut verständigen, und ich achte darauf, ihn immer in der dritten Person anzureden: „Koon Hans Peter me iessen seedde, wänn dat Koorn grünnt äs?" (Kann Hans Peter mir sagen, wann das Korn gemahlen ist?) Unsere Nachbarstochter, meine Mitschülerin Minna, wußte wohl nichts von seinem Beinamen und sprach ihn harmlos an: „Ick schall for Mämmen frååge, weer Erken wäll fjouer Pünn Tåer häi?" Darauf knurrte er hintersinnig: „Sjidd din Mämm, Erken mäi nien Tåerbrai!" (Ich soll für Mutter fragen, ob Erken wohl vier Pfund Buchweizen hätte. – Sag deiner Mutter, Erken mag keinen Buchweizenbrei!)

Als ich zum erstenmal Korn zur Mühle brachte, wunderte ich mich, daß ich kein Geld für das Mahlen zu bezahlen brauchte.

Waygaarder Mühle 1911

46

Inzwischen weiß ich, daß der Mahllohn nach altem Brauch durch „Matten" entgolten wird. Zufällig sah ich, in welcher Weise Hans Peter unserem Schrot seinen Mattanteil entnahm. Er öffnete den Sack, fuhr mit seiner großen rundgebogenen Handschaufel hinein, schüttete etwas zurück, nahm dann doch wieder ein wenig mehr und überlegte offensichtlich, wieviel er für seine Arbeit haben mußte.

Dieses Mattschrot schüttete er in eine große Kiste mit Deckel und ließ auch gleich die Schaufel mit hineinfallen. Großvaters Meinung, das Matten sei Vertrauenssache und meistens ein gutes Geschäft für den Müller, kam mir dabei in den Sinn. Wir hatten unser Korn nicht vorher zu Hause gewogen, so konnte ich auch nicht nachprüfen, wieviel Hans Peter entnommen hatte...

Mittlerweile gibt es ihn und seine Mühle längst nicht mehr. Der alte Müller starb hochbetagt, mußte aber nicht mehr erleben, daß sein Erdholländer 1960 der neuen Straße mit dem Brückenbau zum Opfer fiel. Wo über Jahrhunderte sich fleißig Mühlenflügel drehten, fließt heute reger Verkehr. Das alte kleine Müllerhaus aber erinnert noch immer an Hans Peter Nissen, den wir „Erken" nannten.

Meine erste Bahnfahrt (1925)

Auf unseren Wegen nach Niebüll treffen Fidi und ich hin und wieder in Maasbüll auf die Kleinbahn, die Niebüll und Dagebüll verbindet. Wenn wir auf dem Moordeich gehen und sie von Blocksberg her ankommen sehen, rennen wir mit ihr um die Wette, um sie auf der Station Maasbüll in Augenschein nehmen zu können. So war es auch heute. Das Schnaufen der Lokomotive, das Rauchen des Schornsteins, der Dampf, der überall hervorquillt, erfüllt uns gleichermaßen mit Furcht und Bewunderung. Die vielen Menschen, das geschäftige Treiben, die blauen Uniformen des Bahnpersonals und immer wieder das Wunderding der Lokomotive mit den großen roten Rädern versetzt uns in Erstaunen; dann das Abfahren des Zuges, wenn die Rauchwolken mit Wucht, erst einzeln, dann in immer schnellerer Folge aus dem Schornstein in die Luft gestoßen werden! Unser heimlicher Wunsch, einmal mitfahren zu dürfen, wird übergroß, bleibt aber unerfüllbar.

Wieder zu Hause beim Abendbrot, gibt es für meinen Bruder und mich nur ein Thema: die Begegnung mit der Kleinbahn in Maasbüll. Großvater, der mit am Tisch sitzt, wird an seine Bahnreise nach Potsdam und besonders an die Fahrt 1872 von Paris zurück nach Berlin erinnert. Den Hinweg habe er mit dem Regiment noch zu Fuß in Eilmärschen bewältigen müssen, tags und nachts, bis zum Umfallen. Doch zurück seien sie mit der Bahn gefahren, die aber sehr viel größer und auch erheblich breiter in der Spur als die Kleinbahn gewesen sei.

Auf einmal kommt ein Leuchten in sein Gesicht, und er bietet uns an, das Fahrgeld von Blocksberg nach Maasbüll für uns beide zu übernehmen. Wir können es kaum glauben: Wir dürfen mit der Bahn fahren! Da wir Sommerferien haben, ist ein Tag schnell ausgemacht. Am Vormittag ziehen wir beide barfuß los. Zum Glück besteht Mutter nicht auf dem Mitnehmen von Schuhen, die wir während der Fahrt tragen sollten. So laufen wir auf dem Holländer- und Mitteldeich entlang bis Nyhörn und biegen nach rechts mit der Chaussee in Richtung Blocksberg ab.

Nach dem Durchqueren des Norderkooges treffen wir bei Moritzens auf den hohen Kleiseerkoogsdeich, von dem wir eine weite Sicht links nach Dagebüll und rechts über den Koog hinweg bis zum Moordeich haben. Das Wetter ist herrlich, und einige Bauern sind schon beim Heumachen.

Mein Bruder trägt 60 Pf von Großvater in der Tasche und soll die Fahrkarten kaufen. Noch aber haben wir erst die Hälfte des fünf Kilometer langen Fußweges geschafft. An der nächsten scharfen Deichbiegung, die vor Jahrhunderten als Folge eines Deichdurchbruchs zur Umgehung der ausgewühlten Wehle geschaffen werden

Die Aufschrift „Viehwage" mit einem „a" (1996)

mußte, treffen wir auf den uns gut bekannten Straßenwärter Johann Ede aus Fahretoft. Wir erzählen ihm unser Vorhaben, und nach einem Blick auf seine Taschenuhr meint er, bis zum Mittagszug sei noch eine gute Stunde Zeit.

Das ist uns recht, denn dann können wir noch ein wenig die Umgebung erkunden. Auf der linken Seite liegt der Bauernhof von Kikke Lenens, der uns bekannt ist. Ein Stück weiter wohnt die Fa-

Bahnstation Blocksberg (1996)

milie Nissen, deren Jungs alle gelbe – wir sagen rote – Haare haben, die Armen! Doch können sie auch ganz schön frech sein, wenn man hier alleine vorbeikommt. Heute aber habe ich ja Fidi dabei. Auch einen weiteren Bauern kennen wir, das ist Krüschen Hemsen. Ich weiß, daß sowohl Kikke als auch Krüschen eigentlich Christian heißt.

Allmählich nähern wir uns dem Gast- und Stationshaus Blocksberg. Wir gucken immer mal nach links, ob sich am Osterdeich entlang schon der Zug von Dagebüll her zeigt. Dann liegt Blocksberg vor uns. Von der Durchfahrt leuchtet die Aufschrift „Viehwage" mit einem „a" herab, wohingegen Küster Nissen uns lehrte, das Wort mit doppeltem „a" zu schreiben. Bis heute wurde daran nichts geändert!

Wir gehen zu den Bahnschienen. Links auf einem großen Schild steht „Station Blocksberg", also wird der Zug hier halten. Zögernd betreten wir das Gastzimmer, wo wir den Wirt „Karsten Blocksberg" antreffen. Wir nennen unseren Wunsch, zwei Billetts für die Fahrt nach Maasbüll zu lösen. Daraufhin ruft er mit rauher Stimme nach seiner Frau Liese, die uns die kleinen Fahrkarten aus steifer Pappe aushändigt und 40 Pf verlangt. Das ist eine erfreuliche Überraschung, hatte doch Großvater mit einem Fahrpreis von 30 Pf je Person gerechnet. Auf der „Tonbank" liegen einige Süßigkeiten zum Verkauf, doch werden wir die gesparten 20 Pf Großvater zurückgeben.

Draußen halten wir nun Ausschau nach dem Zug, und richtig, die Rauchwolke über Dagebüll-Kirche verrät uns, daß er kommt. Sein Heranbrausen ist ein eindrucksvoller Anblick. Langsam fährt er mit drei Personen- und einem Güterwagen ein. Als die Lokomotive zischend vor uns zum Stehen kommt, ziehe ich Fidi ein Stück zurück. Zugführer Petersen steigt als erster aus; er trägt einen breiten roten Lackriemen schräg über der Schulter mit einer kleinen Tasche daran. Es folgen Gäste mit Gepäck. Dann dürfen wir vom Wagenende her über den Perron einsteigen.

Da wir unsere Fahrkarte für die billigste, die 3. Wagenklasse gelöst haben, müssen wir achtgeben, nicht in die 1. oder 2. Klasse zu geraten, wo die Bänke, wie wir gehört haben, gepolstert sind. Die 1. Klasse wird auch Salonwagen genannt, aber wir finden keine Gelegenheit, dort hineinzugucken. Bei uns sind die Bänke aus Holz. Ein kurzer Pfiff von Petersen, und der Zug setzt sich in Bewegung.

Ich sehe mir die vielen Fahrgäste an, die sehr fremdartig gekleidet sind und bestimmt nicht aus Dagebüll kommen. Fidi sagt, daß es Badegäste von Föhr und Amrum seien. Mutter hatte schon recht, wir beide sind die einzigen, die hier ohne Schuhe und Strümpfe fahren. Alle um uns sind Fremde, nur eine Bekannte sitzt hinten in der Ecke mit einem großen Korb voller Eier und mit zwei Bücklingskisten auf dem Schoß: Lene Fisch aus Maasbüll.

Lokführer Alsen läßt die Dampfpfeife schrillen, und wir sausen über einen Feldweg hinweg. Jetzt kreischen die Räder fürchterlich, und wir gehen in eine Kurve, wie ich merke. Zugführer Petersen kommt.

Wir geben ihm unsere Billetts, die er genau betrachtet und dann mit einer dicken Zange, die er an einer Kette trägt, am Rand durchlöchert. Während er von Bank zu Bank weitergeht, habe ich Zeit, hinauszusehen. Wir fahren mitten durch die Fennen, wie es scheint, und das Vieh läßt sich gar nicht dadurch stören. Schon halten wir wieder an, und Zugführer Petersen ruft: „Schule Kleiseerkoog." Eine Frau mit ihrem Kind steigt aus, und weiter geht es, mal langsamer, mal schneller.

Fidi tritt einfach durch die Tür auf den Perron hinaus. Ob er das darf? Dann winkt er, ich soll nachkommen, und wir beide erleben nun die vorbeifliegende Landschaft mit Rindern, Schafen und Lämmern ganz nahe: Ein Glücksgefühl steigt in mir auf. Wieder kreischen die Räder, und der Zug wird langsamer, es geht bergauf. Nun erkennen wir den Grund: Wir sind tatsächlich schon in Maasbüll, fahren den Moordeich hinauf und halten auf der Straße vor Paulsens Gasthof.

Vorsichtig steigen wir die Stufen hinab. Hinter uns folgt Lene Fisch, die von ihrem Mann Julius abgeholt wird, der ihr nun tragen hilft. Noch etwas benommen von dem ratternden, schwankenden Zug, wollen wir an der Lokomotive auf die Abfahrt warten, wo uns Alsen von seinem offenen Fenster aus freundlich zunickt. Als die letzten Wagen unseren Blicken in Richtung Deezbüll entschwinden, wenden wir uns dem Heimweg zu. Beschwingt von dem neuen Erlebnis, erscheint uns der Moordeich mit seinen fünf Kilometern gar nicht lang, zumal uns nun wieder unsere Barfüßigkeit zugute kommt.

Zu Hause angelangt, gehen wir gleich zu Großvater, um ihm von unserer Reise zu berichten und ihm das überzählige Fahrgeld zurückzugeben. Aber wir sollen es behalten. Er fragt uns mancherlei und auch, ob denn die Fahrt ohne Störungen verlaufen sei. Als wir bejahen, erzählt er uns schmunzelnd, daß einmal ein

Di Zug eefter Dagebel.

Där kjard en Zug eefter Dagebel,
Di vor ark Bausembör maast höll,
Di aw alwen Kilometer Wäj
Ock alwen Statione häj.
Di Bohnhof wörd völjk aj altibbs wiß,
Dann dat woß for't maast en latj Hanehüß.
Auers lickes, di Zug höll en Ugenstebleck,
Wann völjk en rübj John vor't Hanehüß steck.
Alsanni kömm hi dann wibber to gaangs
En hüssent en püssent 'e Schanenge laangs.
En will't hi't oller sö trawel häj,
Lüpp ham ock niemen straaks üt 'e Wäj.
Auers kömm 'e Klengerklok önj 'e Gong,
Dann wörden da Bjarne en Geeslenge trong.
Da Woksene leten ham rauji vorbaj
En fülliten ham — mörr woß dat aj.
As injtooch di Zug önj Deesbel höll,
En Boy Lorns jüst eefter Mosbel well,
Sä di Schaffner: „Hier, Boye, spar doch'n Tour,
Dö lapst ja 'e Hägele von 'e Schur.
We wan ja ock jüst eefter Mosbel käjre."
„Vole Toonk," sward Boy, en kläjst ham önj 'e Häjre,
„Wann't wat nerrer woß — auers dats alto widd.
Vellicht en auder Tooch — ik häw billeng ninj Tibb."

Faksimile aus Albrecht Johannsen: *Üt min Schatull.*
Friesische Gedichte, Bredstedt 1928.

Der Zug nach Dagebüll

Da fuhr ein Zug nach Dagebüll,
Der fast vor jeder Stalltür hielt,
Der auf elf Kilometer Weg
Auch elf Stationen hatte.
Den Bahnhof wurde man nicht immer gewahr,
Denn das war meistens ein kleines Hühnerhaus.
Aber dennoch, der Zug hielt einen Augenblick,
Wenn man eine rote Fahne vors Hühnerhaus steckte.
Langsam kam er dann wieder in Gang
Und hüstelte und schnaubte die Schienen entlang.
Und weil er's nie so eilig hatte,
Lief ihm auch niemand aus dem Weg.
Aber kam die Klingel in Gang,
Dann wurden die Kinder und Gänseküken bang.
Die Erwachsenen ließen ihn ruhig vorbei
Und folgten ihm – mehr war das nicht.
Als einmal der Zug in Deezbüll hielt
Und Boy Lorenz gerade nach Maasbüll wollte,
Sagte der Schaffner: „Hör, Boye, spar doch eine Tour,
Du läufst dir die Hacken von den Schuhen!
Wir wollen ja auch gerade nach Maasbüll fahren."
„Vielen Dank", antwortete Boy und kratzte sich in den Haaren,
„Wenn's etwas näher wäre – aber das ist zu weit.
Vielleicht ein andermal – ich habe heute keine Zeit."

(Wörtliche Übersetzung)

Fremder eilig nach Dagebüll wollte. Doch hielt die Bahn auf freier Strecke plötzlich an, und der Zugführer erklärte ihm, daß eine Kuh auf dem Gleis laufe. Nachdem der Zug sich wieder in Bewegung gesetzt hatte, hielt er nach geraumer Zeit erneut an. Als nun der Fahrgast erregt fragte, ob denn schon wieder eine Kuh auf dem Geleise laufe, wurde ihm von Petersen beruhigend beteuert: „Nein, es ist immer noch dieselbe."

Wenig später wurde die schmale Spur der Kleinbahn auf die normale Breite ausgebaut, und seitdem gibt es unsere kleine Lokomotive, die Personen- und den Salonwagen nicht mehr. Auch Zugführer Petersen mit seinem breiten roten Riemen quer über der Brust kontrolliert keine Fahrkarten mehr, und Lokomotivführer Alsen nickt uns aus seinem offenen Fenster nicht mehr freundlich zu.

Kleinbahnstation Maasbüll um 1925

Unsere Schafe

Die Schafwäsche – Dat Schäiptouen

Ende Mai, wenn das Wetter schön ist, werden Jahr für Jahr unsere Schafe gewaschen. Für die „Wollspender" ist diese Prozedur immer wieder höchst unangenehm. An einem Graben mit klarem Wasser, wo der Rand ein leichtes Schöpfen ermöglicht, baut Vater mit zwei hölzernen Böcken einen Tisch, dessen Platte eine ausgehängte Tür aus unserem Stall bildet. Einige Eimer und ein Strick vervollständigen die Ausrüstung.

Außer Vater müssen hierbei auch Mutter und ich mit anpacken. Alle drei haben wir unsere ältesten Sachen angezogen, weil wir am Ende durchnäßt sein werden. Wir treiben unsere neun Mutterschafe mit ihren 14 Lämmern in einen aus Hecktoren notdürftig errichteten Koben, was nicht ohne lautes Geplärre vonstatten geht. Als erstes ergreifen wir unsere alte „Anne", die diese Waschzeremonie ihrem Alter entsprechend schon sechs- bis siebenmal hat über sich ergehen lassen müssen, und heben sie mit gekonntem Schwung auf unseren „Waschtisch". Obwohl Anne ja eigentlich aus ihren früheren Erfahrungen wissen müßte, daß dieses Waschen völlig ungefährlich ist, gebärdet sie sich wie wild.

Meine Aufgabe ist es, ihren Kopf festzuhalten und ihn, wenn nötig, auf den Tisch zu drücken. Wie immer rede ich dabei besänftigend auf Anne ein. Allmählich beruhigt sie sich, liegt still auf der rechten Seite, und das Waschen kann beginnen.

Vater schöpft mit dem Eimer Wasser aus dem Graben und schüttet es in kleinen Portionen in die Wolle, während Mutter es durch kräftiges Reiben verteilt. Beim ersten Durchdringen des kalten Wassers auf ihre Haut wird Anne wieder unruhig, und ihre großen länglichen Pupillen weiten sich ängstlich. Aber unser aller begütigendes Zureden und mein Streicheln scheint ihr Vertrauen einzuflößen.

Laufend holt Vater neues Wasser, und Mutter walkt die Wolle mit geschickten Händen durch, während das sichtlich verschmutzte Naß nach allen Seiten von der Platte hinunterfließt. Nun wird Anne auf die andere Seite gedreht, was wiederum Unruhe bei ihr auslöst. Doch dann nimmt sie die weitere Wäsche gelassen hin, und ich kann, mit der einen Hand ihren Kopf sanft niederhaltend, mit der anderen beim Waschen an Hals und Schulter mithelfen.

Schließlich ist die Reinigung beendet, und Anne richtet sich langsam im Liegen auf. Nach einer kurzen Zeit des Besinnens heben wir sie vom Tisch, stellen sie auf die Beine und schieben sie ein Stück fort, weil sie gleich durch heftiges Schütteln ihres Wollpelzes die Umgebung mit Wasser eindecken wird. Wir lassen sie außerhalb des Kobens weiden.

Das nächste Schaf wird geholt, es ist „Tante", und die Arbeit beginnt von neuem. Nach und nach sind alle Schafe sauber gewaschen, und wir bringen die triefende Gesellschaft in die Fenne zurück. Der Erfolg unserer Mühen ist nach dem Trocknen der Wolle deutlich sichtbar und wird sich beim Verkauf an unseren Krämer Marius Petersen günstig auf den Preis auswirken. Allerdings gehen auch durch das gute Waschen ein bis zwei Pfund je Schaf an Wollgewicht verloren. Besitzer von größeren Schafherden machen sich weniger Arbeit mit dem Waschen, erzielen aber auch nicht unseren Preis für ihre Wolle. Im breiten Sielzug bei der Gastwirtschaft Nyhörn ist eine Art Waschanlage geschaffen worden. Die Schafe werden dort an einer langen Leine von einem Steg aus ins Wasser gestoßen und dann auf einer Strecke von ungefähr 50 Schritt im Sielzug entlanggezogen. Ihr verständlicher Drang, ans rettende Ufer zu gelangen, wird mit langen Klootstöcken abgewehrt. Gleichzeitig drücken die Männer das Tier auf dem langen Weg mehrfach unter Wasser, bis es schließlich am Ende dieser Schreckensbahn an Land gezogen wird. Alle Jahre sollen einige der Tiere bei dieser rücksichtslosen Behandlung an Herzschlag gestorben sein. Vater und ich sind der Ansicht, daß diese Waschmethode für die doch von Natur aus schwimmunfähigen Schafe eine ganz üble Tierquälerei ist und deshalb verboten werden müßte.

Schon vor längerer Zeit hat Vater mit mir zusammen, sofern

notwendig, die kotverklebte Wolle am Hinterteil abgeschnitten – *dä Klååte oufkläpped* –, damit die Lämmer sich nicht beim Saugen beschmutzen und womöglich krank werden. Diese Klattenwolle – *dat Klååte-Ull* – haben wir in einen wassergefüllten Bottich zum Weichen gelegt und später ausgewaschen. So gereinigt, kann man diese Wolle der anderen beigeben und mitverkaufen.

Das Schafscheren – Dat Schäipkläppen

Nach der „Schafskälte" um die Mitte des Monats Juni bereiten wir uns auf das Scheren vor. Vater stellt den gleichen Tisch auf, doch diesmal bei uns auf der Warft am Haus. Beim Schärfen der großen, schweren Wollscheren habe ich den Schleifstein gedreht, so daß die Arbeit beginnen kann.

Wir heben wiederum unsere alte Anne als erste auf den Tisch. Wieder zeigt sie sich zunächst leicht verstört, doch beruhigt sie sich bald. Im Vergleich zum Waschen ist man bei der Schafschur noch mehr auf ein ruhiges Verhalten des Tieres angewiesen; andernfalls können sowohl das Schaf als auch der Scherer beträchtliche Stich- und Schnittwunden davontragen. Zwar ist uns bekannt, daß kleine Wunden durch die Wirkung des Wollfettes – des Lanolins – überaus schnell verheilen, doch bleibt es bei den scharfen und spitzen Scheren nicht immer bei geringfügigen Verletzungen. So bin ich mir bewußt, daß ich eine ganz wichtige Aufgabe erfülle, wenn ich in beruhigender Weise auf das Tier einwirke. Nebenher habe ich ausgiebig Gelegenheit, die Köpfe der einzelnen Schafe genau in Augenschein zu nehmen und sie miteinander zu vergleichen. Alle neun weisen unterschiedliche Kopfformen auf, von denen mir die von unserer jungen Schwarzen am hübschesten erscheint.

Das durch die Schädelform bedingte Hervortreten der Augen erklärt Vater als ein Merkmal der Herdentiere, die bei Gefahr auf Flucht angewiesen sind, damit sie den Verfolger im rückwärtigen Blickfeld behalten können. Und daß unsere Schafe Herdentiere sind, müssen wir immer wieder beim Treiben erfahren. Läuft das vorderste Tier in eine falsche Richtung, rennen alle anderen unaufhaltsam hinterher. Diese Eigenart brachte mich schon manches Mal der Verzweiflung nahe.

Im Umgang mit der Wollschere ist Vater besonders vorsichtig, und nur ganz selten kommt es bei ihm zu einer Verletzung des Schafes. Im vorigen Jahr half uns Nachbar Hannes, der zwar schneller scheren konnte, dessen geschorene Tiere aber später mit mehreren Blutflecken herumliefen. Das hat uns gar nicht gefallen. Bei uns beiden dauert die Schur mit 15 bis 20 Minuten je Schaf zwar etwas länger, dafür verläuft sie aber fast immer ohne Verwundungen. Außerdem besieht Vater sich bei dieser Gelegenheit auch gleich die Klauen und beschneidet sie, wenn es nötig ist.

Nach der Schur wird das Vlies – *di Fåcht* –, das wie eine dicke Decke auf dem Tisch liegt, so zusammengepackt, daß die weniger gute Bein- und Bauchwolle nach innen verschwindet und die saubere körpernahe Schnittseite nach außen zeigt. Mit geringen Abweichungen bringt jedes Schaf 7 bis 8 Pfund Wolle, die aber in Mutters Augen für die häusliche Verarbeitung nicht etwa gleichwertig ist. So wird die besonders langfaserige Wolle von Anne und die der beiden „Schwarzen", die hauptsächlich für Strumpfgarn Verwendung finden soll, gleich beiseite gelegt. Die Bauch- und Beinwolle von diesen dreien verteilen wir in die sechs übrigen Pakete, die wir mit Bindfäden über Kreuz verschnüren.

An einem der folgenden Tage bringen wir die Wollbündel zu Kaufmann Marius Petersen, der sie in riesigen Säcken sammelt und mit Fuhrwerken zur Bahn nach Blocksberg befördert. Bevor er sie uns jedoch abnimmt, macht er Stichproben, um zu sehen, ob die Wolle auch sauber ist und nicht etwa ungereinigte „Klatten" mit eingerollt wurden, die einen nachteiligen Einfluß auf Gewicht und Qualität hätten.

Unsere Wolle wird aber für gut befunden, und wir bekommen den Höchstpreis von 47 Pfennig das Pfund.

Auf dem Rückweg überlegt Vater: „De Wull vun een Schop bringt eben mol dree Mark un dormit de Daglohn vun een Arbeider. Dat Tier selv kost twischen dördi un feerdi Mark, wat neben Kost un Loschi de Lohn för een Knecht utmokt. Somit is dat

Hooln vun Schop mit dat Optrecken vun Lämmer, mit de Wull un dat Keesmoken, wenn et allns glückt, en gude Sok. Villich schulln wi anstatt de Beesten in Tokunft mehr Schop hooln?" (Die Wolle eines Schafes bringt ungefähr drei Mark und damit den Tageslohn eines Arbeiters. Das Tier selbst kostet je nach Güte 30 bis 40 Mark, was neben Kost und Logis etwa dem monatlichen Lohn eines Knechts entspricht. Somit ist die Schafhaltung mit der Lämmeraufzucht, der Wolle und der Käsebereitung, wenn alles glückt, eine einträgliche Sache. Vielleicht sollten wir anstatt der Rinder künftig mehr Schafe halten?)

Wollschere
– Schäipescheer –

Mutter aber hielt nichts von einer Umstellung in unserer Landwirtschaft, und so blieb alles beim alten.

Die Bereitung von Schafskäse – Dat Schäipesäismåågen

Da die Schafe mit dem Scheren plötzlich ihre wärmende Hülle verlieren und damit der Witterung schutzlos ausgesetzt sind, achtet Vater sehr darauf, daß diese Arbeit erst nach der „Schafskälte" vorgenommen wird. Für uns ist dann zugleich der Zeitpunkt gekommen, die Lämmer von ihren Müttern zu trennen, damit wir die weiterhin vorhandene Milch für die Herstellung von Schafskäse nutzen können.

Wir bringen die Mutterschafe mit den Lämmern zunächst in ihre alte Norderfenne zurück, scheiden dann aber mit einiger Mühe die Alttiere ab und treiben diese jenseits des Holländerdeiches in unsere Süderfenne, damit sie zumindest außer Sichtweite der nun Mutterlosen sind. Das Geplärre der Lämmer verfolgt uns bis tief in die Nacht hinein. Am anderen Tag wird es weniger, und allmählich vergessen sie wohl ihre Mütter und deren schmackhafte Milch. Die Alttiere dagegen scheinen nicht so sehr unter der plötzlichen Trennung zu leiden.

Für uns gilt es jetzt, die Schafe zunächst zweimal und später wenigstens einmal täglich zu melken. Kann man Kühe aufgrund ihrer verhältnismäßig großen „Striche" ohne besondere Mühe melken, so ist die Milch aus den kurzen Schafzitzen nur durch geschicktes Herabstreichen mit Daumen und Zeigefinger zu gewinnen. Für dieses Melken sind kleinere Hände wie die von Mutter und mir unerläßlich und die großen von Vater völlig unbrauchbar.

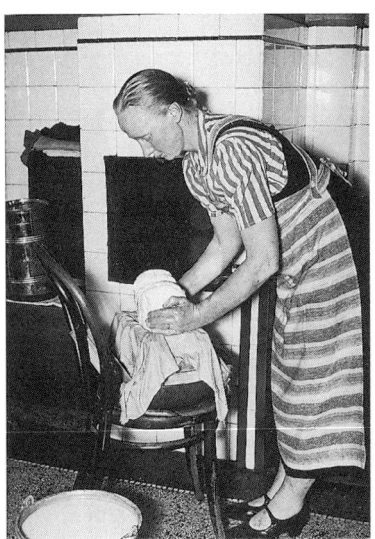

Catharine Thomsen, Dagebüll-Norderdeich, beim Käsemachen (1937)

Im Gegensatz zu Kühen müssen Schafe fest und eng angebunden werden, weil sie sich nur widerstrebend melken lassen. Diese Tätigkeit erfolgt von hinten her, wobei wir in der unbequemen Hockstellung oder auf den Knien verharren müssen. Außerdem haben wir auch noch darauf achtzugeben, unser kleines Milchgefäß schleunigst wegzuziehen, wenn sich der Stummelschwanz hebt. Um kein Risiko einzugehen, entleeren wir das Gefäß häufig in einen bereitstehenden größeren Eimer. Während des Melkens erinnert mich Mutter daran, ab und zu von unten gegen das Euter zu stoßen – zu „klatschen" –, um einen neuen Milchfluß auszulösen, wie es auch die Lämmer tun.

Trotz aller Mühen lohnt sich das Melken; denn jedes Schaf gibt in der Anfangszeit etwa einen halben Liter ungewöhnlich fett- und eiweißhaltiger Milch. Die Menge aller neun Schafe reicht aus, täglich einen Käse von ungefähr drei Pfund herzustellen. Nach der künstlich mit Lab – *Röhn* – herbeigeführten Gerinnung – *dat Kjarlen* – wird der abgesonderte Käseteig – *dat Glupp* – in einem Leinentuch – *dat Säiskluuss* – in die mit Abflußlöchern versehene hölzerne Käseform – *dat Säisfeet* – mit Deckel gegeben. Durch den Hebeldruck eines langen Brettes, auf das wir einen schweren Stein legen, entsteht nach Stunden ein kastenförmiger Käserohling, der sogleich mit Salz behandelt werden muß. Nach wochenlanger Reifezeit in einem luftigen Raum, während der er täglich gewendet wird, erlangt er seinen vollen, hochgeschätzten Geschmack.

Wenn gegen Ende der Melkzeit – Anfang August – die Schafe weniger, dafür aber noch fettere Milch liefern, gibt Mutter etwas Kuhmilch hinzu, um die tägliche Herstellung aufrechtzuerhalten. Dieser Käse ist jedoch nur für den Hausgebrauch bestimmt.

Auch aus reiner Kuhmilch bereitet Mutter gelegentlich Käse von gleichem Gewicht, der aber nicht gepreßt, sondern in einem Leinentuch zum Trocknen aufgehängt wird und dadurch seine runde Form erhält. In monatelanger Reifezeit verfärbt er sich allmählich grün und kommt als Bitterkäse – *Battersäis* – auf den Tisch der Familie. Wegen des herben Geschmacks wird er von uns Kindern wenig geschätzt. Dennoch bildet er den ganzen Winter über eine willkommene Bereicherung unserer Küche.

Käsepresse – *Säisfeet*

Wir feiern Ostern

Fast so wie Weihnachten – *Jüll* – ist auch das Osterfest – *Pååsche* – von Geheimnissen umwittert. Schon Tage vorher suchen mein älterer Bruder und ich in unserem Garten nach geeigneten Stellen, wo wir Nester für den Osterhasen anlegen können. Die Entscheidung zu treffen ist nicht einfach, wissen wir doch aus Erfahrung, daß Hasen allgemein die Nähe der Häuser meiden; und beim Osterhasen wird es sicher nicht anders sein.

Ganz klar ist uns der Unterschied zwischen ihm und den Feldhasen übrigens nicht. Auf Bildern geht er gar auf den Hinterbeinen und trägt einen Korb mit bunten Eiern auf dem Rücken. Aber das können Fidi und ich nicht glauben, zumal wir niemanden kennen, der es in Wirklichkeit gesehen hat. Auch über seine Größe sind wir uns im unklaren, so daß wir auf unsere Begegnungen mit Feldhasen angewiesen bleiben, die wir natürlich genau kennen, und wir wissen auch, wie scheu diese sind.

Unten in unserer Süderfenne hat seit langem ein Hase sein Lager, Vater nennt es „Sasse", an der ich gelegentlich vorbeikomme. Wenn ich so tue, als ob ich ihn gar nicht sehe, kann ich dicht an ihm vorbeilaufen, ohne daß er aufspringt und davonrennt. Gehe ich aber geradewegs auf ihn zu, saust er schon ab, wenn ich noch weit entfernt bin.

Auf alle Fälle werden wir die Nester also schön groß und möglichst weitab von unserem Haus bauen. Wir gehen am Rand des Grabens entlang, der unseren Garten umgrenzt, um im schütteren Reet geeignete Plätze auszukundschaften. Sie sollen hoch sein, damit sie nicht beim nächsten Regenschauer überflutet werden, und auch versteckt liegen, um dem Osterhasen Sichtschutz und damit genügend Zeit und Ruhe zum Eierlegen zu bieten.

Denn daß er die Eier schnell aus einem Korb im Vorbeilaufen in die Nester packt, ist uns gar zu unwahrscheinlich. Schon die Annahme, daß ein Hase überhaupt wie ein Huhn Eier legen kann, überfordert eigentlich unsere Vorstellungskraft und läuft allen Erfahrungen mit dieser Tierart und mit unseren Kaninchen zuwider.

Bislang indessen haben alle Jahre bei uns und den Nachbarskindern buntgefärbte Eier in den Nestern gelegen, so daß wir uns vielleicht keine Gedanken um dieses Geheimnis machen sollten. Vater und Mutter wie auch unsere große Schwester kümmern sich anscheinend gar nicht um derlei rätselhafte Dinge.

Mein Bruder und ich aber suchen in Reet und Gestrüpp passende Stellen und kennzeichnen sie mit Stöcken. Wir brauchen zwei Nester für unsere beiden kleinen Geschwister Erich und Mariechen, eines für Erna und natürlich zwei für uns selbst, also fünf im ganzen. Die Eltern verzichten, weil sie lieber weichgekochte Hühnereier mögen. Als Nistmaterial holen wir Stroh und Heu vom Hausboden. Vater, der gerade vorbeikommt, erscheint die Menge sehr reichlich, und wir müssen ihm versprechen, das wertvolle Rauhfutter nach dem Fest wieder zurückzubringen.

Wir gehen zu unseren Markierungen und beginnen mit dem Nestbau. Ein Kranz aus Stroh, größer als eine Tortenplatte, bildet die Umrahmung, in deren Mitte wir ein weiches Polster aus Heu legen: so ein richtig gemütliches Nest für den Osterhasen zum Verweilen. Da alle Stellen vom Haus aus nicht einzusehen sind, kann er sich dort beim Eierlegen ruhig Zeit lassen.

Sobald wir fertig sind, zeigen wir die Plätze unseren Geschwistern, und auch Mutter möchte sie alle sehen. Sie lobt unsere sorgsame Arbeit, auch wenn ihr die schwierigen Wege durchs Reet und die weite Entfernung vom Haus etwas umständlich erscheinen. Fidi begründet jedoch unsere Auswahl damit, daß der Osterhase alle diese Nester von den „Pütten"* her ungesehen erreichen kann. Mutter stimmt unseren Überlegungen nachdenklich zu.

Am Abend vor dem Fest gehen Fidi und ich noch mal zu allen

* Die „Pütten", fries. *dä Pütte*: durch Erdentnahme für den Bau des Deiches abgesenktes Gelände, das im Winterhaltjahr meistens unter Wasser steht; hier: entlang der Südseite der Dorfstraße von Bottschlott bis zur Broderswarft.

Nestern und überprüfen ihren Zustand. Dabei entdecken wir, daß Erich und Mariechen ihre beiden zusätzlich mit ein wenig Moos und ein paar Gänseblümchen geschmückt haben.

Am anderen Morgen, nicht zu früh, machen wir uns mit der ganzen Familie auf den Weg zur Grabenkante. Und siehe da, unsere Vorbereitungen haben sich gelohnt: In allen Nestern liegt je ein rotes, grünes, blaues und gelbes Ei. Nur Fidis Nest, das am weitesten entfernte und am besten versteckte, hat der Osterhase anscheinend nicht gefunden. Aber das ist nicht schlimm, denn in meinem liegt die doppelte Anzahl Eier, so daß wir alle glücklich ins Haus zum Kaffeetrinken zurückkehren können.

Sämtliche Ostereier sind hart gekocht, aber die Entscheidung, welche Farbe zuerst geopfert werden soll, ist für uns nicht leicht. Als die beiden Kleinen überschwenglich behaupten, die Ostereier schmeckten viel besser als unsere Hühnereier, bemerkt Fidi ungerührt, daß er keinen Unterschied feststellen könne. Doch mindert das die frohe Feiertagsstimmung nicht.

In einem früheren Jahr lagen am Ostermorgen alle unsere schönen Nester unter tiefem Schnee. Darüber waren wir sehr unglücklich, doch sah Großvater zufällig den Osterhasen durch das Hühnerloch in der Süderstalltür ins Haus schlüpfen. Da drinnen die Treppentür zum Heuboden hinauf offenstand, konnte er die Eier nur dort oben gelegt haben. Mit einiger Scheu, da wir nicht genau wußten, ob der Osterhase schon wieder draußen war, stiegen wir mit Großvater zusammen zum Hausboden hinauf. Nach dem langen Winter war das Heu schon weitgehend ans Vieh verfüttert und somit viel Raum vorhanden. Wir suchten in allen Ecken und Winkeln, jedoch ohne Ergebnis.

Aber dann entdeckten wir in einem Heuwall, der für die nächste Fütterung aufbereitet war, an beiden Längsseiten seltsame Löcher, gerade so groß, daß ein Ei hineinpassen könnte. Großvater ermunterte uns, nachzufühlen, aber keiner getraute sich, den Anfang zu machen. Doch dann überwand ich mich, schob die Hand tiefer und tiefer bis zum Ellenbogen hinein, fand aber nichts. Ich versuchte es im nächsten, und schon holte ich ein großes gelbes Ei hervor. Nun suchten auch meine Geschwister, und ihre Freudenrufe kündeten von Erfolgen.

Großmutter, die unser fröhliches Treiben von der Treppe her verfolgte, riet uns nach einer Weile, die gefundenen Eier mal zu zählen. Es waren bisher 19 Stück zusammengekommen, woraufhin sie meinte, wir sollten noch etwas weitersuchen. Noch einmal tasteten wir alle Gänge ab, aber weitere Eier kamen nicht zum Vorschein. Großmutter sah ihren Mann prüfend an und bemerkte, vielleicht fände sie noch eins in der Küche. So war es dann auch, und wir konnten, jeder mit vier Eiern beladen, glücklich zu unseren Eltern ziehen.

Etwas verwunderlich für uns war, daß wir bei den Großeltern nur gleichaussehende Eier, wenn auch wunderschön goldfarbene, gefunden hatten. Fidi schnupperte daran und glaubte, einen gewissen Zwiebelgeruch zu erkennen. Aber uns anderen gefielen sie genausogut wie die bunten in früheren Jahren. Ja, die Farbe war sogar noch echter und hielt sich über Tage, während die bunten Eier mit der Zeit immer etwas unansehnlich wurden.

Anderntags hörten wir, daß Großvater bei der abendlichen Viehfütterung in der Tat noch ein Osterei im Heu gefunden hatte…

Baden und Schwimmenlernen

An heißen Sommertagen gingen wir gerne an den Bottschlottersee zum Baden. Die von uns immer wieder aufgesuchte Stelle war sandig, flach abfallend und erfreulicherweise frei von dem sonst überall den See umschließenden Reet- und Binsenbewuchs. Das Vieh graste bis an die Abbruchkante, so daß ein angenehmer Rasen zum Ausziehen und späteren Trocknen in der Sonne einlud; ein Handtuch hatten wir nur selten dabei.

In der ersten Hälfte der zwanziger Jahre kannten wir keine Badehosen, und so konnten wir zu jeder Zeit ohne Umstände unser Badebedürfnis stillen. Doch dann erschienen häufiger fremde Kinder an unserem Badeplatz, alle mit entsprechenden Hosen versehen. Wir fanden dieses „moderne" Bekleidungsstück zunächst sehr komisch und höchst überflüssig, kamen uns aber bald in dieser Gesellschaft zunehmend „nackt" vor. Als dann noch mein Freund Walter „Paster", der neuerdings in Deezbüll die Wilhelmsschule besuchte, ebenfalls mit Badehose an unserem verschwiegenen Platz auftauchte, mochten auch Paul, Korl und ich nicht mehr „unbedeckt" baden.

Zu eben dieser Zeit wollte Küster Nissen uns Schüler am Kreissportfest in Leck teilnehmen lassen und bat aus diesem Grunde die Eltern, ihre Kinder mit schwarzen Turnhosen und weißen Trikothemden auszustatten. Er erwirkte sogar beim Kaufmann Dierks in Niebüll für die zu erwartende große Nachfrage aus Fahretoft einen Preisnachlaß. So trugen wir fast alle – Jungs und Mädchen – plötzlich luftige Sportkleidung von ungeahnter Leichtigkeit, in der wir uns fremd vorkamen und an die wir uns erst langsam gewöhnen mußten.

Diese schwarzen Turnhosen boten sich nun auch zum Baden an, und nur ganz selten noch stiegen wir in kleinem Kreis an einsamen Stellen unbekleidet ins Wasser. Fidi und ich verspürten seit einiger Zeit den unbändigen Ehrgeiz, schnellstens das Schwimmen zu erlernen. Wir kannten aber weder einen schwimmkundigen Menschen, noch hatten wir irgendein Hilfsmittel, wie etwa einen Schwimmring. Daher wateten wir immer wieder so weit wie möglich ins Wasser hinaus und strebten dann mit ungelenken Arm- und Beinbewegungen zum Ufer zurück. Fidi hatte die Technik von unserem Hund Treu übernommen, der uns gern in den See folgte, und bewegte die Arme wasserradartig beiderseits der Brust. Mit dieser Technik erreichte er schließlich eine Fertigkeit, die ihn notfalls über den breitesten Wassergraben von einer Seite zur anderen hätte tragen können.

Ich dagegen versuchte, mich mit weitausholenden Armbewegungen über Wasser zu halten. Da ich aber immer unterging, pflückte ich mir ein Bund der gut tragenden Binsen, legte mich mit der Brust darauf und konnte nun die Schwimmbewegungen der Arme und Beine üben. Tage und Wochen waren mein Bruder und ich fast täglich im Wasser, um in der uns eigenen Art unermüdlich zu lernen. Jeweils am Schluß unserer Versuche versteckte ich meine Binsen, um sie am nächsten Tag erneut zu verwenden. Beide machten wir Fortschritte, und Fidi verbesserte seine Schwimmstrecken fast täglich um einige Meter.

Eines Abends, als wir wieder ins Wasser stiegen, waren meine bewährten Binsen nicht zu finden. Ich war enttäuscht, zumal ich ausgerechnet an dem Tag keinen Bindfaden in meiner Hosentasche hatte, um mir ein neues Bündel zu schnüren. Während Fidi schon ansehnliche Bogen in den See hinaus schlug, trauerte ich meinen Binsen nach und ruderte lustlos im Wasser herum. Und auf einmal geschah das Wunder: Das Wasser trug mich! Ich machte meine Arm- und Beinbewegungen und schwamm ein Stück. Ein ungeheures Glücksgefühl durchflutete mich, und auch Fidi konnte sich nicht genug wundern. Unsere unentwegten Anstrengungen hatten sich gelohnt, und wir blieben lange Zeit die einzigen Schwimmer im Dorf, worauf wir nicht wenig stolz waren.

Im Laufe des nächsten Sommers verbesserten wir unsere Schwimmkünste so weit, daß uns der Wunsch, den Bottschlottersee einmal zu überqueren, nicht ruhen ließ. Von unserer Badestelle aus an der Westseite schien uns das gegenüberliegende Ufer ungemein verlockend, zumal wir es noch nicht kannten. Normalerweise war es nur auf stundenlangen Umwegen von Nordwaygaard her zu erreichen.

Unsere Vorbereitungen führten uns immer ein Stück weiter auf den See hinaus, bis wir seine Mitte mehrfach erreicht hatten und meinten, die Überquerung wagen zu können. Während unsere schwimmunkundigen Mitbadenden uns bewundernd nachschauten, strebten mein Bruder und ich mit bewußt ruhigen, kräftesparenden Schwimmbewegungen dem anderen Ufer entgegen. Wir blieben dicht beieinander und hielten uns an unsere Abmachung, die Überquerung ohne Eile zu bewältigen. Das Wasser war herrlich warm und spiegelglatt. Die Breite des Sees mochte hier um die 300 Meter betragen.

In der Mitte des Sees umfing uns eine Stille, die mir ebenso feierlich wie unwirklich erschien. Nur ein Wildentenpaar mit acht Jungen kreuzte unseren Weg und beäugte mit langen Hälsen mißtrauisch die sich ihm lautlos nähernden Menschenköpfe. Wir fühlten uns den Gefiederten nahe wie nie zuvor und genossen die ungewöhnliche Begegnung mit diesen sonst so scheuen Geschöpfen. Plötzlich aber gaben die Eltern Alarm; die Jungen tauchten blitzschnell weg, während die Alten eiligst in einer nahen Reetinsel verschwanden.

Das jenseitige Ufer war schon sichtlich näher gerückt, als wir auf grünbraune Wasserpflanzen trafen, die uns das Schwimmen unangenehm erschwerten. Mein Bruder bedeutete mir, daß ich ihm in seiner Spur folgen solle. So arbeiteten wir uns mühsam weiter vor. Ich überlegte, ob wir unter diesen Umständen den Rückweg nicht lieber zu Fuß um den See herumgehen sollten, zumal die Blätterfläche sich uferwärts anscheinend noch mehr verdichtete. Die langen Stengel umschlangen unsere Arme und Beine in beängstigender Weise und hemmten trotz vermehrter Anstrengungen unser Vorwärtskommen. Sollten wir nicht besser umkehren, bevor unsere Kräfte gänzlich erlahmten? Ich wartete auf die Entscheidung meines vor mir kämpfenden Bruders.

Um Atem zu schöpfen und die Entfernung zum Ufer abzuschätzen, richtete ich mich etwas auf und hatte das Gefühl, daß meine Füße auf einen Widerstand stießen. Ich fühlte noch einmal richtig nach und konnte es nicht fassen: Ich hatte festen Grund unter den Füßen! Mein Freudenschrei ließ Fidi rückwärts blicken, und als er mich mit hocherhobenen Armen im kaum brusttiefen Wasser stehen sah, ließ er sich erschöpft hinabsinken. Erst nach einer Weile kam er, über und über mit Pflanzen bedeckt, wieder zum Vorschein. Seine wunderliche Erscheinung erinnerte mich für einen Augenblick an unseren Kinderschreck, den Buuschemann.

Aufrecht verharrend, genoß Fidi die neue, erlösende Situation. Dann wateten wir ohne Eile die letzten 100 Schritt auf das Erholung versprechende Ufer zu, wo wir uns wohlig ausstreckten. Während mein Bruder noch schlief, ging ich ein wenig umher, um die uns fremde Umgebung zu erkunden. Das Gelände zeigte viele kleinere und größere Wasserflächen, die zumeist von Reet eingerahmt waren und somit ein Paradies für Wiesen- und Wasservögel sein mußten. Vielleicht lohnte es sich, sie im Frühjahr einmal der Wildenteneier wegen wieder aufzusuchen.

Im Weitergehen bemerkte ich, daß mich zwei kleine Vögel mit ängstlichem „Tiri-Tiri" umflogen. Zu meinem Erstaunen erkannte ich ein Pärchen von der Art, wie wir sie im Herbst und Frühling zu Tausenden in den Watten anzutreffen gewohnt waren. Wir nannten sie „Kleipricker", weil sie bei der Futtersuche am Wasser entlang ihren Schnabel in rascher Folge tief in den Boden steckten. Lehrer Hansen bezeichnete sie als Alpenstrandläufer, die ihre Brutplätze im hohen Norden und in Sibirien hätten. Daß diese kleinen flinken Vögel mit dem schwarzen Bauchschild auch hier am Bottschlottersee lebten und offensichtlich sogar brüteten, war eine große Überraschung. Um nicht weiter zu stören, ging ich ans Ufer zurück, wo Fidi immer noch schlief.

Als er erwachte, machten wir uns auf den Rückweg. Zur Schonung unserer Kräfte wollten wir die Pflanzenzone möglichst weit durchwaten und dabei die noch deutlich erkennbare Furt unseres Hinwegs nutzen. Zu unserer Verwunderung aber konnten wir den gesamten Wasserpflanzenbereich und noch ein gutes Stück darüber hinaus zu Fuß bewältigen und dadurch die Schwimmstrecke erheblich verkürzen. Was uns aber gewaltig ärgerte, war die Erkenntnis, daß wir uns die ganze Schinderei mit dem vertrackten Kraut und die Angst auf dem Hinweg hätten ersparen können.

Ohne besondere Schwierigkeiten schwammen wir zurück und waren dennoch glücklich, als wir unseren alten Badeplatz wieder erreicht hatten. Zu Hause erzählten wir lieber nichts von unserem aufregenden Abenteuer. Eine neuerliche Überquerung des Bottschlottersees kam uns aber nicht in den Sinn, und so blieb unsere nicht ungefährliche Unternehmung für lange Zeit die einzige dieser Art.

Auf Entenjagd

Ein heftiger Sturm aus West rüttelt an unseren Schulfenstern, und meine Freunde Korl und Paul wie auch ich erwarten sehnsüchtig das Ende des Unterrichts. Wir wollen sogleich nach dem Mittagessen zum Außendeich, weil wir heute ein ungewöhnliches Hochwasser erwarten; es fällt in die Zeit zwischen 2 und 5 Uhr, was für unseren Küstenbereich stets Springflut bedeutet.

Das Essen ist schnell eingenommen, und mein Hund Treu wartet schon darauf, daß ich meine alten, warmen Sachen endlich angezogen habe. Die Freunde und ich wollen erstmalig unsere neuen „Waffen“, die Katapulte, auf Wildenten ansetzen. Bisher waren wir immer mit Flitzbogen unterwegs gewesen, die wir aus frischen Weidenstöcken auf Hochleistung gebracht und an der Pfeilspitze mit einem Nagel versehen hatten. Dennoch reichten sie nicht aus, um Enten aus der Luft zu holen.

Zwischendurch hatten wir auch die Band-Steinschleuder – wir sagten Davidsschleuder – kennengelernt und nachgearbeitet. Sie ermöglicht, kleine Steine mit Schwung in erstaunliche Weiten zu schleudern. Aber die Treffsicherheit blieb trotz langen Übens so gering, daß sie sich für die Jagd auf Enten als untauglich erwies. Um so mehr wundern wir uns jetzt über die Geschicklichkeit Davids, der, wie wir aus dem Religionsunterricht wissen, Goliath mit dieser Schleuder einen Stein genau vor die Stirn schmetterte und ihn so besiegte. Ein Meisterschuß!

Nun haben wir uns Katapulte angefertigt, wozu sich als Gummizüge Mutters Einweckringe großartig eignen. Diese Handschleuder hat eine große Reichweite, ist ausreichend treffsicher und dem Flitzbogen in jeder Hinsicht überlegen. Sie in der Hand und die Hosentaschen voll der geeigneten Steine, begeben wir uns auf den Weg über Rickertswarft zum Außendeich. Der Sturm macht uns das Vorwärtskommen schwer. Südlich der Warft holen wir Willi ein, der mit einer mächtigen Doppellaufflinte, einem uralten Zündnadelgewehr, ebenfalls dem Außendeich zustrebt. Auch

er erhofft sich von dem Sturm und der hohen Flut günstige Schieß-
bedingungen.

Da Willi, obgleich noch nie im Besitz einer Jagderlaubnis, den
Ruf eines gewieften Jägers genießt, schließen wir uns ihm an. Er
lobt das Wetter und hat nichts dagegen, daß wir uns an der Innen-
seite des Deiches bäuchlings neben ihn auf die Lauer legen. Im
Windschatten erholen wir uns vom anstrengenden Marsch und
hören allerhand Wissenswertes über das Verhalten der Enten bei
Sturm. Seiner langen Erfahrung nach werden sie gleich beim Über-
fluten des Vorlandes ihre dortigen Ruheplätze aufgeben müssen
und zum Bottschlottersee hinüberwechseln. Dabei werden sie genau die Stelle überfliegen, wo wir jetzt liegen. Wir sind gespannt
und machen unsere Katapulte schußbereit, denen Willi allerdings
wenig Wirkung zutraut. Er lädt sein Gewehr, und ich sehe, daß es
in zwei Stücke, in Schaft und Lauf, auseinanderfällt. Nachdem er
die Patronen in die Läufe geschoben hat, hakt er die beiden Teile
wieder ineinander und schlingt – wohl zur Sicherheit – ein Stück
Bindfaden um die Bruchstelle. Diese Beobachtung läßt mich etwas
mißtrauisch werden, und ich rücke ein Stück weiter zur Seite.

Nach geraumer Zeit fliegen die ersten Enten von draußen heran,
aber viel zu hoch, als daß Willi zum Schuß kommen könnte. Man
dürfe sie, belehrt er uns beiläufig, nur von hinten schießen, weil die
Schrotkörner das feste Federkleid der Brust nicht zu durchschla-
gen vermögen. Dann nähern sich lange Reihen Enten in erreichba-
rer Höhe. Wir drücken uns an den kalten, nassen Deich, und Willi
hebt langsam das Gewehr. Er läßt die Vögel ruhig über uns hin-
wegfliegen und schießt dann hinterher: einmal – und noch einmal.

Das Knallen und die ungewöhnlich großen Feuerblitze lassen
uns Augen und Ohren schließen und unsere Katapulte völlig vergessen. Als wir aufzublicken wagen, sind die Enten weit auseinan-
dergestoben. Willi, mit der noch rauchenden Flinte über den
Knien, sieht ihnen enttäuscht nach. Der Sturm müsse die Kugeln
verweht haben, meint er entschuldigend, vielleicht habe er auch
nicht genug „gegengehalten"…

Ich spüre indessen ein Kribbeln auf meiner linken Backe und

finde ein Stück Messingblech in den blutverschmierten Fingerspitzen: zweifellos ein Teil der verschossenen Patronenhülsen. Willi besieht sich die Backe und tröstet mich: „Dat is nochmol gut gohn. Ober nu seh man to, dat jem hier verschwinnt!" Offensichtlich hatte der Bindfaden die beiden Gewehrteile nicht fest genug zusammengehalten, so daß der Pulverdruck zur Seite entwich und die Patronenhülse zerriß. Künftig werden wir bestimmt seine Nähe zu meiden wissen!

Wir steigen über den Deich und laufen am Flutsaum entlang, immer unsere Katapulte schießbereit haltend. Aber die wenigen Enten, die noch zu sehen sind, fliegen weiträumig an uns vorbei, so daß wir nicht zum „Schuß" kommen. Nun setzt auch noch Regen ein, und wir streben schutzsuchend der Arbeiterhütte zu, die in einiger Entfernung binnendeichs an der Berme steht.

Dort angekommen, finden wir nicht den erhofften Wind- und Regenschutz, doch dann entdeckt Paul zufällig den abgelegten Schlüssel für die Tür, und wir schlüpfen glücklich hinein. Auch Treu freut sich über den trockenen Platz. Die Baracke, mit einem grobgezimmerten Tisch und zwei Bänken ausgestattet, bietet Raum für etwa acht Personen. Jetzt erst wird uns bewußt, daß wir gänzlich durchnäßt sind und daher bald frieren werden. Einen Ofen gibt es hier nicht. Die Kiste Bier findet keine Beachtung, aber die Flasche Brennspiritus dort in der Ecke könnte uns Wärme und Trockenheit schenken. Doch woher bekommen wir Feuer?

Zwar tragen wir Brenngläser bei uns, meistens das Glas von alten Taschenlampen, aber die Sonne fehlt heute. Unterdessen entdeckt Paul Streichhölzer auf einem Bord über dem Fenster. Eine Farbdose nimmt im Druckdeckel den Spiritus auf, und bald lodert auf dem Tisch eine blaue Flamme. Wir ziehen unsere Jacken aus, stellen uns auf die Bänke und halten sie gegen die unverhoffte Wärmequelle, daß sie nur so dampfen. Nach einer Weile verlöscht unser Feuer, aber wir haben genug Nachschub und füllen mehrfach neu auf. Die Jacken und Hosen sind fast trocken, und nach einer letzten Füllung wollen wir unsere Jagd am immer noch steigenden Wasser entlang fortsetzen.

Doch greller Feuerschein und ein dumpfer Knall lassen uns von unseren Bänken kippen. Als wir uns nach und nach vom Boden hochrappeln, sehen wir, daß unser Fenster aufgesprungen ist und Qualm hinauszieht. Was ist geschehen?

Durch den Hitzedruck in der Farbdose flog der Deckel hoch, und der damit versprühte Spiritus explodierte. Eigentlich ist alles noch ganz glimpflich verlaufen, beruhigen wir uns. Nur Treu hat die Nerven verloren und steht jaulend vor der Tür.

Noch etwas benommen, richten wir die Bänke auf und schließen das Fenster notdürftig. Nachdem wir den Deckel gefunden haben, setzen wir die Spiritusflasche und die Farbdose auf ihren Platz zurück und verriegeln die Tür. Tief entmutigt machen wir uns auf unseren langen Heimweg. Wir „geben uns das Wort", von unserer Barackengeschichte niemandem etwas zu erzählen. Je näher wir der Kirchwarft kommen, desto mehr brennt Pauls Gesicht, und ich entdecke bestürzt, daß seine Augenbrauen und Wimpern weggebrannt sind. Nun schmerzt plötzlich auch meine linke Wange wieder, und Korl hinkt und klagt über Schmerzen im Knie, das von der umgestürzten Bank eingeklemmt wurde.

So kehren drei traurige Gestalten zurück, die voller Hoffnung auszogen, für die Ihrigen reiche Beute heimzubringen, statt dessen eine Explosion auslösten und großes Glück hatten, ohne bleibende Schäden davongekommen zu sein.

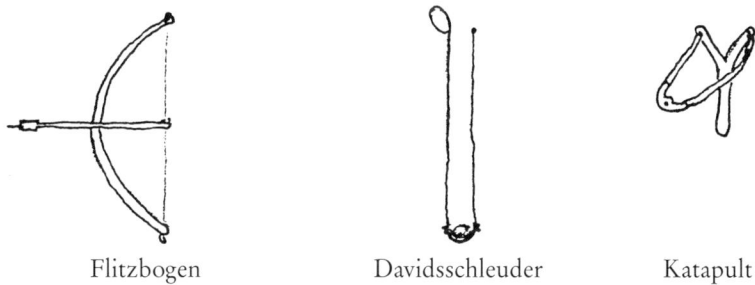

Flitzbogen   Davidsschleuder   Katapult

Unsere Vögel

Mit beginnendem Frühjahr erneuert sich alljährlich das enge Verhältnis zu unseren Schwalben, *öös Swålkne*. Ende April–Anfang Mai kommen sie aus dem Süden zurück und beziehen ihre alten Nester: Die Rauchschwalben mit rotbrauner Kehle und Stirn erscheinen zu mehreren Paaren in unserem Stall; die schwarz-weißen Mehlschwalben dagegen suchen in wechselnder Anzahl draußen unter dem Dachüberstand ihre kugelförmigen Bauten mit dem winzigen Flugloch auf.

Für unsere Rauchschwalben steht den ganzen Sommer über ein kleines Fenster offen, durch das sie geschickt in beide Richtungen hindurchschießen; manchmal fliegen sie auch unten durch das Hühnerloch.

Bei den Großeltern brütet gar ein Schwalbenpaar im Hausflur („in 'e Vördäl", *oun 'e Forteele*). Deswegen muß dort tagsüber, auch bei Wind und Wetter, die obere Türhälfte („de Bowerdör") geöffnet bleiben.

In unserem Stall haben die Schwalben überall auf Nägeln an den Balken ihre halbrunden, nach oben offenen Lehmnester gebaut, und ihr plaudernder Zwitschergesang dringt über Monate hin in alle Räume unseres Hauses. Schon morgens in aller Frühe hören wir ihn, wenn wir noch im Bett liegen und die Sonne eben erst weit hinten im Nordosten ihren Lauf beginnt. Und abends spät in der Dämmerung suchen sie erst ihren angestammten Schlafplatz auf: das Weibchen im Nest und das Männchen in dessen Nähe auf einem Nagel, wie wir Kinder ihre Plätze deuten. Vater sind diese fröhlichen Sommergäste sehr willkommen, fangen sie doch im Stall und um das Haus herum die lästigen Fliegen und andere Insekten.

Die Mehlschwalben sind uns in ihrer Lebensweise weniger vertraut. Ihre kunstvoll aus Lehm gebauten Nester, die sie mit Speichel an die glatte Mauer kleben, platzen in trockenen Sommern gelegentlich ab und fallen mitsamt ihrem Inhalt an Eiern oder gar

Jungen auf die Erde. Mehrfach konnten wir zwar mit Vaters Hilfe solch ein verunglücktes Nest mühsam wieder oben anheften, doch gab es auch Schäden, die von uns nicht zu beheben waren. Dann flogen die verstörten Alttiere noch tagelang herum und suchten nach ihrem verlorenen Heim.

Neben Schwalben gehören die Spatzen – *dä Spårrië* – zu unserem Alltag, die aber das ganze Jahr über bei uns bleiben. Sie sind allerdings weniger beliebt, weil sie in ihrer großen Zahl den Hühnern das Futter streitig machen. Wenn Mutter morgens zum Füttern ihr „Tiep, Tiep, Tiep" ruft, kommen außer den auf der Erde herantrabenden Hühnern in der Luft Schwärme von Spatzen herbeigeflogen. Sie setzen sich rundherum auf Zäune, Dachrinnen und Büsche und warten. Kaum kehrt Mutter dem Futterplatz den Rücken, mischen sich 30 bis 40 der flinken Gesellen unters Hühnervolk. Dreht Mutter sich noch einmal um, stieben sie zwar hoch, sind aber schon während ihres Weggehens wieder da.

Erhebliche Schäden richten sie auch zur Zeit der Kornreife an, indem sie den Ernteertrag sichtlich verringern. Vater erzählt von Zeiten, da es für jeden beim Bürgermeister abgelieferten Spatzenkopf 5 Pf gab. Den größten Schaden verursachen diese Vögel aber an den Reetdächern. Um ihre Nester darin bauen zu können, ziehen sie so lange Reethalme einzeln heraus, bis ein entsprechend großes Loch entstanden ist. Dabei entwickeln sie eine erstaunliche Technik, wie ich häufig beobachtete: Sie fassen das hervorstehende Ende eines Halms mit dem Schnabel und fliegen los. Nach mehrmaligen Wiederholungen, wobei sich die Partner abwechseln, schaffen sie es schließlich, Halme von über einem Meter Länge herauszuziehen. Ist das Dach erst in dieser Weise beschädigt, erweitert der nächste Sturm die Löcher, und eine teure Reparatur wird fällig.

Abgesehen von diesen Ärgernissen finde ich sie in ihrer überaus lebendigen Art dennoch liebenswert. Überall gegenwärtig, erscheinen sie stets in größeren Trupps, raufen sich, daß die Federn fliegen, machen höllischen Lärm, baden ausgiebig im warmen Sand und sind immer hellwach, so daß man sie nur schwer überlisten kann.

Beim Umzug von Pastor Ahrens kam ich unversehens in den Besitz eines Vogelbauers und suchte einen geeigneten Insassen dafür. Ungeachtet der Warnung meines Vaters, hielt ich nach einem Haussperling Ausschau. Mit unserer Taschenlampe leuchtete ich am Abend unseren großen Heudiemen – *di Foodderklump* – ab, wo etliche dieser Vögel zu übernachten pflegen. Ich faßte in einen der vielen schräg nach oben verlaufenden Gänge, und schon hielt ich einen zappelnden Spatzen in der Hand. Mit beruhigenden Worten steckte ich das Tierchen in meinen Käfig, wo es gleich gegen die Gitterstäbe flog. Noch am nächsten Morgen wollte es sich nicht beruhigen, und zahlreiche Federn lagen um das Bauer herum.

Ich sah nun ein, daß Vater recht gehabt hatte: Einen Spatzen zu zähmen, ist unmöglich. Mit schlechtem Gewissen entließ ich ihn in die Freiheit, gerade noch rechtzeitig, bevor er sich an den Gitterstäben totgeflattert hätte. Der Käfig hat nie wieder einen Vogel beherbergt.

Eine weitere Vogelart, die in unserer unmittelbaren Nähe lebt, ist der Star, den wir „Spreen", auf friesisch *Spriin* nennen. Wenn die Schwalbe den Sommer bringt, so ist es der Star, der uns den Frühling ankündigt. Einmal hörte ich Vater in aller Frühe morgens im Bett zu unserer noch schlafenden Mutter hinüberrufen: „Magda, Magda, hör mol, de Spreens sind wedder dor! Nu ward et Fröhjohr!"

Ja, das lustige Volk der Stare im blankschillernden Federkleid sagt uns mit seinem fröhlichen Gesang die neue Jahreszeit an. Im Gemisch aus pfeifenden und schnalzenden Lauten sind auch Geräusche unserer Umgebung wiederzuerkennen – zuweilen sogar ein deutliches Nachahmen vom Krähen unseres Hahnes und vom Hobelstrich aus Vaters Werkstatt.

Seit Jahren bauen Fidi und ich neue Starenkästen, die wir an Baumstämmen und an unserem Hausgiebel anbringen. Doch noch immer reichen die angebotenen Nistplätze nicht aus. Vor einiger Zeit fanden wir nach einem heftigen Sturm am Außendeich eine schmale, ungewöhnlich lange Kiste, für die wir bisher keine rechte Verwendung wußten. Plötzlich kam uns der Gedanke, diese zu einem „Staren-Reihenhaus" auszubauen. Wir zogen mit geringem Aufwand vier Trennwände ein und hatten in kurzer Zeit fünf nebeneinanderliegende Wohnungen fertig. Vor den numerierten Fluglöchern führt eine Stange entlang, auf der seitdem im Frühjahr alle Bewohner friedlich nebeneinander sitzen und beim Singen vor Freude mit den Flügeln schlagen. Damit haben wir eine Wohnanlage für Stare geschaffen, wie es sicherlich keine zweite gibt.

Im Winter füttern wir die Vögel mit „Hinterkorn", einem Abfallprodukt beim Kornreinigen, das aber nach Vaters Meinung wertvolle Unkrautsamen verschiedener Arten enthält. An unserem Futterplatz finden sich Spatzen, Kohl- und Blaumeisen und ein Rotkehlchen ein. In einem sehr strengen und schneereichen Winter kam in der Weihnachtszeit während des Lüftens bei geöffnetem Fenster ein Rotkehlchen – *en Ruudburst* – unbemerkt in unsere Stube und versteckte sich im bunten Tannenbaum. Erst am anderen Morgen machten wir die überraschende Entdeckung, und die Freude in unserer Familie war unbeschreiblich.

Nachbarskinder kamen und Erwachsene, um dieses Wunder zu bestaunen, zumal das Tierchen sich auch noch ganz zutraulich gab. Es pickte an den Keksen im Baum, flog nach den Mahlzeiten auf den Tisch und auf den Fußboden, um Krümel aufzulesen. Abends zog es sich zum Schlafen in den Tannenbaum zurück. Es waren aufregend schöne Tage für uns alle, die aber bald endeten.

Ich war alleine im Zimmer und beobachtete stillsitzend das zierliche Gebaren unseres kleinen, seltenen Gastes. Er flog hin und her, setzte sich auf unsere Wanduhr, guckte mit schräggeneigtem Köpfchen zu mir herunter, schwebte auf die Fensterbank, hüpfte auf den Rand eines Blumentopfes und landete schließlich auf dem Fußboden. Als er sich vertrauensvoll meinen Füßen näherte, schoß blitzschnell ein schwarzer Schatten unter dem Ofen hervor und begrub unser Vögelchen unter sich.

Ich begriff, daß es unser schwarzer Kater war, und schlug augenblicklich auf den Übeltäter ein, der sogleich von seiner Beute abließ. Aber was ich aufhob, war das leblose Körperchen unseres rotbrüstigen Lieblings. Auch mein Streicheln und mitleidvolles Trösten erweckte es nicht wieder zum Leben.

Nach einer Weile trat Mutter ins Zimmer, sah auf den sich scheu durch den Türspalt drückenden Kater und dann auf das regungslose Federknäuel in meiner offenen Hand. Sie strich mir über meinen gesenkten Kopf, nahm mir sachte das Vögelchen ab und ging mit ihm hinaus. Für die ganze Familie folgten traurige Tage, in denen unsere Augen den kleinen roten Federball in unserem Tannenbaum vergeblich suchten.

Im Frühling jubilieren Lerchen – *Lååsche* – über Haus und Garten, und Kiebitze – *Lipe* – brüten wie überall auch in unserer Norder- und Süderfenne. In den Kriegs- und Nachkriegsjahren 1918/19 suchten mein Bruder Fidi und ich nach Gelegen von Rotschenkeln („Tüters"), Uferschnepfen („Grote Tüters") und natürlich von den noch viel häufigeren Kiebitzen, um Mutter mit einigen dieser kleinen Eier unsere tägliche Sättigung zu erleichtern. Dabei mußten wir durch die Wasserprobe vorher sicherstellen, daß die gefundenen Eier nicht bereits angebrütet waren. In solchen Fällen trugen wir sie behutsam wieder ins Nest zurück.

Einmal trafen wir auf einen Kiebitz, der am Flügel schwer verletzt war, und nahmen ihn mit nach Hause. Mutter freute sich und bereitete daraus für unsere gerade genesende Schwester Erna eine kräftige Krankenmahlzeit. Sie entsprach einem Taubenbraten, wurde von ihr mit Appetit verzehrt und trug nach unserer Meinung zu ihrer baldigen Gesundung bei.

Eine besondere Begegnung mit Wildvögeln hatte ich auf Langeneß, als Mutter, Fidi und ich wieder einmal mit dem Postschiffer Wirk Matthiesen von Bongsiel aus zur Hallig hinübersegelten. Großvater Thomas zeigte uns dort in seinem Garten auf der Hunnenswarft ein künstlich angelegtes Nest für Brandenten. Wie wir hörten, sind diese Enten als Höhlenbrüter auf Kaninchen- oder Fuchsbaue angewiesen. Da solche Höhlen aber nur in beschränkter Anzahl vorhanden sind, werden auch gerne künstlich angelegte Höhlen bezogen. In T-Form gegraben, enthalten sie zwei Nistgelegenheiten an den beiden oberen Enden, die mit losen Grassoden

80

Postschiffer Wirk Matthiesen auf einer Fahrt zu den Halligen mit seinem
Segelschiff mit Hilfsmotor, um 1920

Foto: E. C. Payns

abgedeckt sind. Großvater hob eine ab und zeigte uns ein benutz-
tes Nest mit zwei Eiern. Eines davon, das frischgelegte, entnahm
er, und wir bekamen es mit einigen weiteren anderntags weich-

gekocht zum Frühstück. Sein dunkelrotes Dotter und der Wildgeschmack begeisterten uns. Die Größe entspricht einem Hühnerei.

Großvater erklärte, daß diese Ente etwa 30 Eier legt, wenn man täglich das neue entnimmt und nur eines zurückläßt. Geht die Legezeit dann zu Ende, polstert die Ente ihr Nest mit Daunen aus, und nun gibt Großvater sechs Eier ins Nest zurück zum Bebrüten. Somit kann die Brandente nach 28 Bruttagen mit sieben Küken die Höhle verlassen. Diese Art der Nutzung soll seinen Worten nach bereits über Jahrhunderte von den Inselfriesen geübt worden sein, ohne daß der Bestand dieser Vögel Schaden genommen habe. Großvater kannte Inselbewohner, die alljährlich bis zu 10 Höhlen unterhielten und entsprechende „Ernten" einbrachten. Fidi und ich bedauerten, daß es bei uns in Fahretoft keine Brandenten gibt.

Aber dafür haben wir andere Vögel, die auf den Halligen fehlen: die Störche. Von April bis September gehören diese eng dem Volksglauben verbundenen Tiere zu unserem Alltag. So heißt es im Dorf, wer im Frühling – *oun 'e Uurs* – als erstes einen f l i e g e n d e n Storch sieht, wird das ganze Jahr über genug Geld in der Tasche haben. Wer dagegen zuerst einen s t e h e n d e n zu Gesicht bekommt, muß mit Geldknappheit rechnen.

In den ersten Tagen nach ihrer Rückkehr stehen die Störche auf ihren Nestern und klappern mit den langen, roten Schnäbeln, daß man es weithin hört. Später kreisen sie oft an heißen Mittagen ohne Flügelschlag im warmen Aufwind höher und höher, bis wir sie nicht mehr sehen können. Meistens aber fliegen sie vom Nest aus auf Beutefang in niedrig gelegene, feuchte Fennen des Bottschloterkooges und suchen dort nach Fröschen – *eefter Foosche* – und Mäusen – *en Müss* –. Einmal sah ich sogar einen Storch, um dessen Schnabel sich heftig ein mittelgroßer Aal wand.

Sind wir beim Mähen oder „Schwälen", folgen sie uns gelegentlich im Abstand von wenigen Schritten, um das von uns aufgescheuchte Kleingetier zu fangen. Ich wundere mich immer wieder, wie zutraulich sie sich uns Menschen gegenüber zeigen.

Ihre Nester befinden sich auf den Reetdächern der Stallungen des Bauernhofes im Blomenkoog und bei Emil Ingwersen auf der Voltswarft. Später wohnte ein Paar auf Broderwarft und auf der Fahretofter Schule.

Kleinere Kinder rufen beim Anblick eines Storches gern: „Stork, Stork Ester, bring mi en lütje Schwester; Stork, Stork Oder, bring mi en lütjen Broder!" Da ich von beiden Sorten schon je zwei Geschwister habe, beteilige ich mich nicht mehr an diesem Gesang, obgleich ich nicht glaube, daß der Storch überhaupt darauf hört.

Eines Abends gehe ich in der Dämmerung auf dem stillen Holländerdeich entlang und freue mich am unterschiedlichen „Singen" der einzelnen Telefonmasten, die den nördlichen Rand der Klinkerchaussee säumen. Oben an den Pfählen zähle ich zehn dünne Drähte, auf denen abends – wie auf Notenlinien – zu Hunderten die Schwalben sitzen. Neulich erinnerte mich dieses Bild daran, daß ich für die nächste Geigenstunde bei Küster Nissen noch üben mußte. Doch heute ist es schon so spät, daß die flinken kleinen Flieger längst ihre Schlafplätze aufgesucht haben.

In Gedanken versunken, schlendere ich dahin, als plötzlich von unten aus dem Bottschlotterkoog ein Storch ganz niedrig angeflogen kommt. Schwerfällig steigt er angesichts des Deiches etwas höher, aber, wie ich deutlich erkenne, nicht hoch genug, um über die Telefonleitungen hinwegzukommen. Ich bleibe stehen, reiße die Arme hoch und schreie angstvoll: „Höger rop, Stork, höger rop!"

Doch schon fliegt er genau über mir mitten in die Drähte hinein, die er im schwachen Abendlicht wohl nicht sehen konnte. Es kracht und klirrt, die Leitungen schlagen zusammen und schwirren durcheinander. Ich ducke mich, schließe die Augen und rechne damit, daß Storch und Drähte auf mich herabstürzen. Ein heftiger Luftzug, ein dumpfer Aufschlag, und alles ist wieder still.

Als ich aufzublicken wage, liegt dieser sonst so stolze Vogel mit ausgebreiteten Flügeln regungslos vor meinen Füßen. Starr vor

Schreck sehe ich auf das jammervolle Bild und höre mich leise fragen: „Bist du nu dood, Stork?" Da hebt er, sich auf der Schnabelspitze abstützend, langsam den Kopf und zieht die Flügel nacheinander an seinen Körper.

Sich allmählich weiter aufrichtend, reckt er den langen Hals und blickt sich nach allen Seiten um. Nach einer Weile, während der ich noch immer wie angewurzelt verharre, erhebt er sich vollends, so daß wir beide nun in fast gleicher Größe voreinander stehen. Er sieht mich ohne Scheu an, und ich empfinde in diesem Augenblick eine tiefe Ehrfurcht.

Noch etwas unsicher, aber gemessenen Schrittes, begibt sich der Storch auf die Straße, die still und leer vor uns liegt. Noch einmal sieht er sich nach mir um, breitet die schwarzgeränderten Schwingen aus, erhebt sich mit mächtigen Flügelschlägen in die Luft und entschwindet in der Dunkelheit.

Ich erwache wie aus einem Traum, doch einige weiße Federn, die ich sorgsam aufhebe, zeugen davon, daß sich hier soeben etwas ganz Ungewöhnliches zugetragen hat.

Maulwurfshaufen und Lerchengesang

Im Frühjahr hieß es, auf unseren Weiden die Maulwurfshaufen einzuebnen – *oun öös Feenne dä Moulweerpsbunke aueråålsluun*. Ihre Anzahl war in den einzelnen Fennen und Jahren sehr unterschiedlich. Wir verwendeten für diese Tätigkeit einen leichten Spaten, traten breitbeinig an den kleinen Erdhügel heran und schlugen ihn mit kräftigen Schwüngen auseinander.

Diese Arbeit war notwendig, um das Gras von der darüberliegenden Erde zu befreien und ihm damit das Nachwachsen zu ermöglichen. Wie immer arbeiteten wir barfüßig, besser gesagt barbeinig, denn die Hosen reichten damals bei uns Jungen sommers wie winters nur bis zu den Knien hinunter. Von da ab bedeckten in der kalten Jahreszeit die von Mutter gestrickten Strümpfe aus schwarzer Schafwolle unsere Beine.

Mein Bruder Fidi und ich schafften an einem Nachmittag meistens eine unserer sechs Fennen, die von flachen, der Entwässerung dienenden „Grüppeln" durchzogen sind. Die so abgegrenzten Streifen heißen hier „Äcker", von denen wir einen nach dem anderen absuchten, bis alle Hügel eingeebnet waren.

Bei dieser Beschäftigung ergaben sich gelegentlich Unterbrechungen, wenn sich Kiebitznester in der Fenne befanden. Wir merkten es am Verhalten der Vögel, die mit ihrem ängstlichen „Kiewiet, Kiewiet!" dicht über unsere Köpfe hinwegschossen, sobald wir in die Nähe ihres Geleges kamen. Da das Nest wie auch die schwarzgesprenkelten olivfarbenen Eier kaum von ihrer Umgebung zu unterscheiden sind, mußten wir sehr achtgeben, daß wir das Gelege nicht versehentlich zertraten.

Außer den Maulwurfshaufen zerschlugen wir auch die alten Kuhfladen, weil die Kühe deren Umgebung beim Grasen meiden, obgleich sich gerade an diesen Stellen saftige Gras- und Kleeinseln bilden. Für eine gleichmäßige Beweidung ist daher auch die Entfernung der Kuhfladen eine wichtige Voraussetzung.

Hatten wir uns müde gearbeitet, legten wir uns ausgestreckt ins Gras, freuten uns an der Sonne und lauschten dem Gesang der Vögel. Als ich später diese Arbeit in unseren Fennen alleine verrichten mußte, weil mein Bruder inzwischen seine Tischlerlehre in Bredstedt begonnen hatte, ruhte ich mich nach jedem bewältigten Acker eine Weile aus. Das Wetter war immer herrlich, und ich genoß die Wärme der Erde und den süßen Duft des Weißklees.

An seinen kugelrunden Blüten hingen dickpelzige Hummeln, deren Gewicht die grünen Stengel weit zu mir herabbog. So konnte ich genau verfolgen, wie sie mit ihrem langen Rüssel aus den einzelnen Kelchen Honig absaugten. Doch waren sie in ihrem Tun nicht sehr sorgsam, wie ich immer wieder beobachtete. Häufig überschlugen sie einige der dicht an dicht stehenden Kelche, während sie ihren Saugrüssel in andere doppelt und dreifach steckten, bevor sie zur nächsten Blüte taumelten.

Rundherum stiegen singende Lerchen in die Höhe. Auf dem Rücken liegend folgte ich mit den Augen ihrem Flug. Bei Küster Nissen hatten wir gerade das Gedicht von Nicolaus Lenau gelernt, in dem die Lerche an ihren bunten Liedern selig in die Luft „klettert", und ich verglich prüfend dieses Dichterbild mit der Wirklichkeit.

Wieder stieg eine dieser unermüdlichen Sängerinnen himmelan, beschrieb rüttelnd einen weiten Kreis und schraubte sich, immerzu singend, höher und höher. Bald würde sie, wie ich schon häufig gesehen hatte, mit ausgebreiteten Schwingen jubilierend zur Erde zurückkehren und auf einer kleinen Anhöhe ihr Lied noch eine Weile fortsetzen. Doch diese hier „kletterte" so hoch, bis nur noch ein winziger Punkt vor einer weißen Wolke sie erahnen ließ, während ihr trillernder Gesang weit übers Feld schallte. Es klang, als freue sie sich mit mir auf den kommenden Sommer.

Doch plötzlich bricht ihr Lied jäh ab, und mit zusammengeklappten Flügeln fällt die soeben noch fröhliche Sängerin lautlos torkelnd aus der Höhe zu Boden. Ich erschrecke zutiefst und eile zu ihr hin. Sie liegt auf dem Rücken, die Flügel leicht ausgebreitet, die rosafarbenen Beinchen aus dem weißen Untergefieder hilflos in die Luft gestreckt.

Der winzige Körper ist noch ganz warm, aber das Köpfchen hängt kraftlos herab. Ich halte das Federknäuel dicht an mein Ohr; ein Herzschlag indessen ist nicht mehr zu vernehmen. Was soll ich tun? Kein Mensch in der Nähe, mit dem ich meinen Kummer teilen kann. Ich frage mich, ob das so plötzlich verstummte Tierchen in meiner Hand womöglich ein Nest mit Jungen hinterläßt, die nun verhungern müssen. Doch dafür ist es wohl noch zu früh im Jahr. Was aber mache ich nun mit dem Vögelchen? Soll ich es mit nach Hause nehmen und in unserem Garten begraben?

Ich wußte mir keinen Rat und setzte erst mal meine Arbeit fort. Je mehr Zeit verstrich, desto richtiger erschien mir, es hier in seiner gewohnten Umgebung zu belassen. So trug ich es zum Wall am Graben, wo die Erde trocken und sandig ist. Ich grub ein passendes Loch, tat etwas Spreu auf den Boden und legte meine kleine Lerche hinein. Dann deckte ich sie mit Gras zu und füllte wieder Erde auf.

Zu Hause löste mein Bericht Anteilnahme und Trauer aus. Die Bestattung in der Fenne fand nach kurzem gemeinsamen Überlegen die Zustimmung der ganzen Familie.

Unsere Abendbeleuchtung

Der Winter war lang und von Dunkelheit geprägt, denn unsere Petroleumlampen verbreiteten nur ein dürftiges Licht. In der Küche leuchtete die einfache Handlampe mit einer blanken Messingscheibe hinter der Flamme, durch die das Licht nach vorne hin ein wenig verstärkt wurde. Sie hing an der Wand über dem Tisch und wurde bei Bedarf vom Nagel genommen.

Gingen wir nach dem Abendbrot ins Wohnzimmer hinüber, wurde dort die Hängelampe mit dem hellen „Blitzbrenner", einer neuzeitlichen Erfindung, angezündet, die aber leider viel Petroleum verbrauchte. Diese Lampe erleuchtete die Stube so weit, daß die ganze Familie um den Tisch herum lesen und schreiben konnte. Der grüne Schirm mit den herabhängenden Glasperlen verbreitete eine Gemütlichkeit, die uns immer wieder gerne dort verweilen ließ und uns Kindern das Zubettgehen häufig schwermachte.

Wer in die Küche zurückkehrte, fand sich im Dunkeln, wenn die dortige Lampe nicht auf „Sparflamme" gestellt war und wieder hochgeschraubt werden konnte. Wollten wir in einen anderen Raum, mußten wir sie mitnehmen, was nicht nur für uns Kinder mit einiger Brand- und Verletzungsgefahr verbunden war.

Einmal ging ich im Dunkeln vorsichtig mit unserer kleinen Petroleumlampe über den Flur in die Waschküche. Ich war wohl nie sehr mutig, und so guckte ich bei dem trüben Licht in alle Ecken, ob sich vielleicht irgendwo ein Gespenst versteckt hielt, wovon damals viel die Rede war. Meine Geschwister wußten natürlich von meiner Ängstlichkeit, und so hatte sich mein großer Bruder ein weißes Laken übergehängt und hinter eine Tür gestellt. Als ich nun zögerlich den nächsten Raum betrat und dort ein wahrhaftiges Gespenst erblickte, ließ ich vor Schreck die Lampe fallen und rannte schreiend in die Stube zurück.

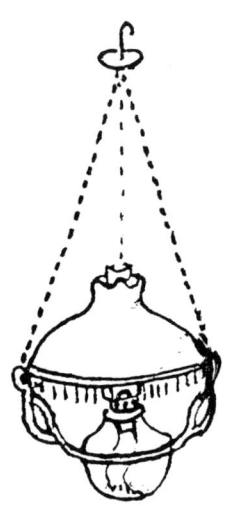

Bevor meine Mutter die Unglücksstelle erreichte, war mein Bruder bereits dabei, das Feuer zu löschen, das sich aus der zersplitterten Lampe auf dem Terrazzofußboden ausbreitete, wobei er geistesgegenwärtig sein Laken zum Ersticken der Flammen benutzte. Dieses Ereignis gab erneut Anlaß, von uns Kindern mehr Vorsicht zu fordern; Fidi wurde ermahnt, derartige Späße zu unterlassen, und ich, meine Gespensterangst endlich abzulegen.

Für den Stall hatten wir besondere Laternen, von uns „Lüchters", auf friesisch *Juchtere* genannt, deren Glas die Flamme ringsherum abschirmte. Dennoch durften wir sie nicht auf den Heuboden mitnehmen, denn schon ein Stolpern konnte einen Brand auslösen.

Neben diesen Lampen besaßen wir noch die Kerzenleuchter, die wir in den Schlafstuben verwendeten, weil sie nur ein bescheidenes Licht spendeten. Wie überall im Dorf wurde auch im Elternhaus mit Licht sparsam umgegangen, weil Petroleum verhältnismäßig teuer war. Wir holten es beim Kaufmann in einer drei Liter fassenden Blechkanne mit Gießrohr. Es war für uns immer ein Ereignis, wenn der große Tankwagen aus Niebüll, von zwei schweren

Pferden gezogen, unsere Kaufleute belieferte. Mit einem Hebel am hinteren Ende wurden jeweils genau zehn Liter automatisch in Kannen abgefüllt und ins Haus getragen. Der Weiterverkauf erfolgte mit einem Litermaß.

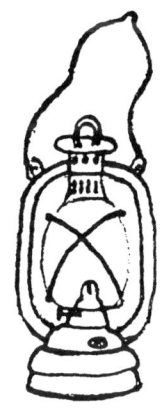

Das sparsame Haushalten mit Petroleum trug sicher dazu bei, daß wir im Winterhalbjahr allabendlich die Dämmerstunde, „de Schummerobend", einhielten. Wir Kinder liebten sie, weil sie uns alle in der warmen Stube zusammenführte und die Eltern Zeit und Ruhe zum Erzählen fanden, wenn nicht zu große Sorgen sie bewegten.

Als wir 1927 im Dorf elektrischen Strom bekamen, brachte er uns bis dahin nicht gekannte Helligkeit und weitere Vorteile ins Haus, doch fiel nun nach und nach die gemütliche Schummerstunde fort, was wir Kinder sehr bedauerten. Eine neue Zeit kündigte sich an, wie Großvater einmal sagte.

Korl Molers Großmutter

Ich höre unseren Erkennungspfiff: Draußen vor dem Haus steht mein Freund Korl. Mit einem Korb am Arm ist er auf dem Wege zu seiner Großmutter und bittet mich, ihn zu begleiten. Obwohl ich nicht viel Lust habe, gehe ich mit, weil er mir auch öfter einen Gefallen tut.

Großmutter Trinke wohnt in einer uralten Kate nahe Bottschlott mit ihrem unverheirateten Sohn Anton zusammen, der sich als Aufsichtsmann über Land und Vieh auswärtiger Besitzer einen dürftigen Lebensunterhalt verdient. Morgens in aller Frühe und abends geht er, wie alle Aufsichtsleute, mit dem langen Klootstock auf der Schulter und einem festen Tau für alle Fälle schräg über der Brust zu den ihm überlassenen Fennen. Er überprüft die Vollzähligkeit des Viehs und sieht nach dem Rechten, eine Tätigkeit, die auf friesisch *såågne* heißt. Ansonsten liest er Stunde um Stunde, ohne seiner Mutter im Haushalt viel zu helfen.

Korl schämt sich ein bißchen, weil es in der Wohnung stets unordentlich aussieht. Doch ist die alte Trinke krank und fast blind, so daß sie den Schmutz nicht mehr sehen kann. Auch bemerkt sie wohl die Hühner und Katzen nicht, die sich meistens in der Küche herumdrücken. In der kleinen Stube hingegen ist

Der Aufsichtsmann beim „*Såågnen*"

es mit den altmodischen Möbeln und den vielen Pantoffelblumen auf beiden Fensterbänken ganz behaglich. Nur lassen sich die winzigen, alten Sprossenfenster längst nicht mehr öffnen, wie Trinke uns das letztemal klagte, weswegen es ein wenig muffig riecht.

90

Wenn Korl und ich kommen, freut Trinke sich immer. Heute bringen wir einen Topf mit frischer „Büüst" – *Bjååst* –, der ersten, äußerst nahrhaften Kuhmilch nach dem Kalben. Sie fragt, ob es der Kuh gutgehe und ob Korls Vater noch immer so starke Schmerzen im amputierten Bein verspüre. Zuletzt will sie noch wissen, ob es ein Kuh- oder ein Bullkalb geworden ist. Voller Stolz erklärt Korl: *„Dat äs en Kükulev mä en smuck witt Bläss."* (Es ist ein Kuhkalb mit einer hübschen weißen Blässe.)

Wir möchten gehen, und zum Lohn für unseren Botengang schenkt Trinke uns einen ansehnlichen Klumpen echten Kandiszuckers, der immer von einem Bindfaden durchzogen ist. Sie kramt ihn aus der Schublade ihres Küchentischs hervor, wo auch Brotscheiben, Butter und Bitterkäse untergebracht sind. Da Korl dort auch ihren Kamm entdeckt zu haben glaubt, gehen wir erst einmal zum nächsten Wassergraben unten am Deich und waschen den Zucker rundherum ab. Dann aber verzehren wir ihn mit großem Wohlbehagen.

Unser Schulausflug zur Wassermühle

Küster Pauls leitete mehrere Jahrzehnte hindurch die 1. Klasse der Fahretofter Schule, „de Grotschool" oder auf friesisch *dat Gråttschool*. Eines Tages kündigte er zu unserer großen Überraschung einen Ausflug zur windbetriebenen Wassermühle im Kleiseerkoog an. Sie lag in der Nähe vom Moordeich – *'e Mourdick* – auf halbem Wege von uns aus nach Maasbüll und erforderte einen Fußmarsch von über einer Stunde.

Bei dem eintönigen, strengen Unterricht in der mit 74 Schülern im Alter von 11 bis 15 Jahren übervollen Klasse bedeutete dies die Aussicht auf einen unerwarteten Festtag. Meinen letzten Ausflug hatte ich vor vier Jahren als Schulanfänger vom Gotteskoog aus zum Langenberger Forst erlebt, der mir noch in guter Erinnerung geblieben war.

Die Vorbereitungen zu Hause waren beträchtlich, mußten doch Brot und Saft für den ganzen Tag mitgenommen werden. Glücklicherweise hatten wir noch Vaters Brotbeutel aus dem Krieg, der, schräg über die Brust gehängt, alles Nötige aufnehmen konnte.

Zum Abmarsch versammelten wir uns auf dem Schulplatz, die Sonne schien, und mit einem Wanderlied zogen wir in bunter Reihe fröhlich los: vorne Küster Pauls, klein und rundlich im schwarzen Anzug mit weißem Kragen und Krawatte, mit Hut und Handstock, dahinter wir, der Wichtigkeit des Tages angepaßt, ebenfalls in unserer Sonntagskleidung, wozu auch die Lederschuhe gehörten.

Schon nach der ersten Viertelstunde unserer Wanderung – wir hatten gerade den Anfang des Moordeiches erreicht – scheuerten meine Schnürstiefel so schmerzhaft, daß ich mich niedersetzte, um Schuh' und Strümpfe auszuziehen und sie bis zur Rückkunft am Grabenrand zu verstecken. Erst jetzt konnte ich diesen herrlichen Tag richtig genießen. Der plattgefahrene Kleiweg bot mit seinem feinen, warmen Staub die besten Voraussetzungen zum Barfußgehen. Nach und nach entledigten sich auch andere Kinder ihrer unbequemen Schuhe, so daß wir schließlich fast alle barfüßig unser Ziel erreichten.

Die Mühle lag etwas abseits des Moordeiches nach Westen hin und sah mit ihrem reetgedeckten Äußeren fast wie unsere Kornmühle in Waygaard aus. Doch war sie erheblich kleiner. Die Flügel drehten sich eifrig im Sommerwind und beförderten über eine schräggestellte Schneckenwelle unaufhörlich Wasser in den etwas höherliegenden breiten Sielzug.

Wie uns der Wassermüller dazu erklärte, wurden auf diese Weise die niedriggelegenen Fennen des Kleiseerkooges entwässert und damit trocken und für die Bauern nutzbar gemacht. Lange bestaunte ich die sich drehende Schnecke, die sich anscheinend immer fortbewegte und dennoch an der gleichen Stelle blieb: eine fesselnde Anlage, die ich gerne noch näher erforscht hätte.

Doch führte Küster Pauls uns wieder zum Moordeich zurück, auf dessen Krone wir uns im Gras um ihn scharten und unsere Essensvorräte auspackten. Von hier oben hatten wir einen herrlichen Ausblick nach Westen bis zur Dagebüller Kirche; nach Osten hin lag der riesige Herrenkoog vor uns, der im Hintergrund von Trollebüll begrenzt wurde. Nur das Reetdachhaus von Norderland, auf einer kleinen flachen Warft gelegen, und der Hof der Schäferhallig weit hinten am Bottschlottersee unterbrachen die Eintönigkeit der ausgedehnten Schilf- und Grasflächen.

Nach dem Essen zündete sich Küster Pauls eine dicke Zigarre an, deutete mit seinem Handstock weit ausladend nach Osten und erzählte uns in anschaulicher Weise die Geschichte von der Entstehung dieses zwischen Maasbüll und Fahretoft gelegenen Kooges:

Endlich war 1633 die schwierige Überdeichung des Bottschlotter Tiefs zwischen Waygaard und der damaligen Hallig Fahretoft geglückt. Nun sollten nach den ehrgeizigen Plänen des Herzogs Johann Adolf von Schleswig-Gottorf auch gleich die Halligen Dagebüll, Galmsbüll und Horsbüll landfest gemacht, also mit einem Deich dem Festland angegliedert werden. Doch zeigte sich der Wattstrom zwischen Fahretoft und Dagebüll, das Kleiseer Tief, so reißend, daß es selbst den deichbauerfahrenen Holländern nicht gelang, diese Lücke zu schließen, womit der Plan zum Leidwesen des Herzogs und vor allem der dort wohnenden Halligleute aufgegeben werden mußte.

Die Fahretofter aber sahen eine Möglichkeit, wenigstens ihre Hallig in nördlicher Richtung mit dem Festland, dem Risummoor, zu verbinden. Sie schlossen sich deshalb mit weiteren Dörfern zusammen, die gleichfalls Vorteile von einem Deich zwischen Fahretoft und Maasbüll zu erwarten hatten, um sich die Kosten zu teilen. Und während andernorts noch der Dreißigjährige Krieg tobte, taten sich die Fahretofter 1637 mit den Mooringern und Bargumern, den Langenhornern und Stedesandern zusammen, um diesen Moordeich hier gemeinsam und ohne die Hilfe der Holländer zu errichten. Vier Jahre dauerte der Bau mitten durch das Wattengebiet. Mit den einfachsten Tragegeräten mußte die schwere Kleierde zum Deich aufgeschichtet werden, der hier, wo wir saßen, wohl an die zehn Meter hoch sein dürfte. Nicht einmal die Schubkarre kannte man damals, die bei späteren Deichbauten die Arbeit ganz erheblich erleichterte. Und der Bericht eines Chronisten lautet denn auch: „Die Teichenden haben die Erde mit Wannen und Böhren kümmerlich an den Teich gebracht." Die Wannen und die Tragebröhren wurden unten im Schacht mit Erde gefüllt und dann von zwei Mann auf den entstehenden Deich geschleppt. Eine äußerst mühsame und kräftezehrende Arbeit bei Wind und Wetter!

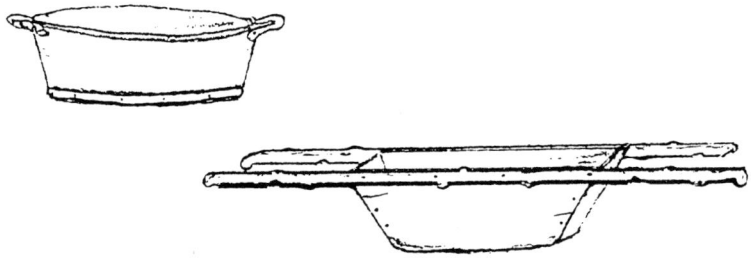

Das gewonnene Land lag zwar zum größten Teil unterhalb des Meeresspiegels und konnte deshalb nicht oder nur unvollkommen auf natürlichem Wege über Schleusen entwässert werden wie hier der Herrenkoog vor uns, doch brachte der Deich deutliche Vorteile für die dahinterliegenden Köge:

Die Hochwasserfluten aus Nordwest, die trotz der Abdämmung des Bottschlotter Tiefs immer noch über große Flächen bis nach Stedesand und gar nach Leck hinauf wüteten, wurden durch diesen Deich abgefangen. Er war deshalb ursprünglich von Westen her flach ansteigend geformt, damit er den anstürmenden Wellen wenig Angriffsflächen bot. Nur einmal hatte ein furchtbarer Sturm ihn in der Nähe Fahretofts durchbrechen können, und zwar dort, wo der Deich noch heute einen auffälligen Bogen nach Westen

94

zeigt. Diese Ausbuchtung war notwendig, um die tief ausgewühlte Wehle weiträumig zu umgehen.

Für unsere Fahretofter Vorfahren brachte der Moordeich bis dahin niegekannte Lebenserleichterungen. Nun brauchten sie nicht mehr mit Schiffen zum Festland hinüberzusegeln oder während der kurzen Ebbezeiten gewagte Wattgänge zu unternehmen. Jetzt konnten sie wind- und tideunabhängig trockenen Fußes oder gar mit Pferd und Wagen über den neuen Deich zu ihrem Amt Tondern, zum Arzt und zur Apotheke gelangen. Lebensmittel, Vieh und andere Güter wurden von der Hallig oder zu ihr hin ohne die zeitraubende und oft gefahrvolle Verladung auf Boote nun über Land befördert. „Mit der Vollendung des Moordeiches begann für die Fahretofter Halligleute eine neue Zeit", beschloß Küster Pauls seine Ausführungen.

Nach diesem lebendigen Vortrag, den wir alle aufmerksam verfolgt hatten, entließ er uns für eine Stunde, verbat sich jeglichen Lärm in seiner Nähe und streckte sich zum Mittagsschlaf aus, wozu er seinen Hut übers Gesicht zog. Wir verteilten uns nach beiden Seiten entlang des Deiches, und ich ging noch einmal zur Mühle zurück, die aber jetzt stillstand und damit wenig Sehenswertes bot.

Der Rückweg erschien mir erheblich länger als am Morgen, doch schließlich erreichten wir spätnachmittags erschöpft, aber mit vielen neuen Eindrücken unser Zuhause. Meine Kenntnisse über unsere heimatliche Halliggeschichte und über die Arbeitsweise einer Windmühle, die Wasser schöpft, bildeten noch oft den Anlaß zu Gesprächen im Familienkreis.

Der Herrenkoog erhielt 1928 ein dieselbetriebenes Schöpfwerk, wodurch der bisherige hohe Wasserstand künstlich abgesenkt und 1935 das bis dahin unfruchtbare Land bäuerlicher Nutzung zugeführt werden konnte. Es entstanden zahlreiche baumumstandene Bauernhöfe, die den zuvor trostlos wirkenden Koog bald in eine anheimelnde Landschaft verwandelten.

Der alte Kikke Boysen, der weithin bekannte Kröger der Gastwirtschaft in Risum, heute „Fraschlönj", stand der Entwässerung und Besiedelung des Herrenkooges sehr kritisch gegenüber und versprach in einer lebhaften Diskussion: *„Dåt Kourn, wat deer wåkst, dåt wall ick ålliene aw min Mjuckskor tu Hüss käire."* (Das Korn, was dort wächst, will ich alleine auf meiner Mistkarre nach Hause fahren.)

Kikke erlebte noch, daß der Koog sich in wenigen Jahren zu einem fruchtbaren Getreideland entwickelte und hatte Glück, daß niemand sein Versprechen einforderte.

Muschelkalk für unsere Hühner

Wieder einmal liegen Windeier – *Wannåie* –, Eier ohne feste Schale, in unseren Hühnernestern. Sie sind zwar eßbar, werden aber mit ihrer dünnen Haut oft zerdrückt und sind für uns damit verloren.

Mutter deutet diese Erscheinung als Kalkmangel und schickt uns mit der Schubkarre zum Außendeich, um Muschelschalen zu holen. Außerdem bittet sie uns, nebenher nach ein paar Strandkrabben Ausschau zu halten, deren Genuß sie sehr schätzt und den sie schon lange entbehren mußte.

Nach unseren Erfahrungen sind Muscheln am einfachsten westlich von Lüttjenswarft vor der alten Holzschleuse zu beschaffen. Durch diese Anlage strömt seit Jahrhunderten bei Ebbe das überschüssige Regenwasser aus dem Süderkoog in die Nordsee und spült dabei gelegentlich im Vorfeld der Watten Muschelbestände frei.

Mein größerer Bruder und ich ziehen, wie immer in den Sommermonaten, barbeinig mit einem Sack für die Muschelschalen und einem Eimer für die zu fangenden Krabben los. Wir wählen den Brorensweg hin zum Außendeich, den wir, abwechselnd die Karre schiebend, bald überstiegen haben. Nach beiden Seiten zieht sich vor uns am Deichfuß ein schier unendlicher Spülsaum – der

„Teekwall" – hin, der immer irgendwelche Überraschungen bereithält. Wir werden ihn, den die letzten Frühjahrsstürme aufgeschichtet haben, nach rechts bis zur Lüttjenswarft verfolgen. Er ist streckenweise zwei bis drei Schritt breit und zum Teil kniehoch von der Flut zusammengeschoben. Zum Glück finden wir ihn noch vor, denn in den nächsten Tagen wird er bestimmt von den „Geyers", den Außendeicharbeitern, mit Hilfe von Schubkarren abgeräumt werden, damit er nicht die darunterliegende Grasnarbe des Deiches erstickt.

Der Teekwall besteht überwiegend aus angetriebenen Pflanzenteilen des Vorlandes und der Watten, wie Schlickgras, Strandaster und Blasentang. Aber darunter verbergen sich häufig die schönsten Sachen: bunte Glaskugeln von Fischernetzen, starke Ankertaue, Holzteile aller Art und vieles, vieles mehr. Ein Durchwühlen mit einem festen Stock lohnt sich immer. Auf unserem heutigen Weg zur Schleuse können wir ihn natürlich nur oberflächlich absuchen, finden aber doch zwei hübsche Glaskugeln, die wir als Schmuck zu unseren anderen in den Garten legen werden.

Vor der Lüttjenswarft ist das Vorland sehr schmal, so daß die Abbruchkante dicht am Deichfuß entlangführt. Ein Stück weiter sieht man noch den Ansatz des Steindammes, der früher zur Hallig Oland hinüberführte. Im Krieg 1914–18 wurde er mehrfach durch Treibminen, deren Wucht sogar unser entferntliegendes Haus erschüttern ließ, stark beschädigt und später durch Sturmfluten völlig zerstört.

Bei der Schleuse angekommen, finden wir den erwarteten Ebbetiefstand vor und treffen etwas weiter draußen auch gleich auf eine kleine Muschelbank aus Schalen von abgestorbenen Mies- und Herzmuscheln. Der Sack ist bald gefüllt, und nun suchen wir noch einige schöne Exemplare, um unseren „Haustierbestand" an Kühen und Schafen zu ergänzen. Dabei entdecken wir zwei guterhaltene Gehäuse von Wellhornschnecken, womit wir unsere knappe Zahl an „Pferden" aufbessern können. Im allgemeinen sind auf Wattenflächen die von uns geschätzten „Muscheltiere" nur selten zu finden.

Nun gilt es, für Mutter einige der größten Strandkrabben zu fangen. Dazu waten wir in die zur Zeit geschlossene, aus dicken Balken errichtete Schleusenanlage, in deren Ecken und Winkeln sich diese faustgroßen Tiere versteckt halten. Nähern wir uns ihnen, nehmen sie sogleich eine kampfbereite Abwehrstellung ein und zeigen uns ihre kräftigen Arme mit den wirkungsvollen Scheren daran. Das sieht ziemlich gefährlich aus.

Ich folge meinem Bruder ins knietiefe Wasser und lerne, mich den „Kniepern", wie wir sagen, durch beherztes Zupacken zu entziehen: Von hinten mit der Hand blitzschnell den Rückenpanzer niederdrücken, macht die Krabbe laufunfähig, so daß man sie vorsichtig mit Daumen und Zeigefinger hinter den drohenden Scherenarmen ergreifen kann. Nach Überwindung anfänglicher Angst und nach mehreren Fehlversuchen habe ich erste Erfolge. Die großen Exemplare sind bald eingefangen oder haben sich unauffindbar versteckt, und so müssen wir uns mit rund 30 Stück begnügen. An kleineren gäbe es noch genug, aber Mutter wollte nur ausgewachsene Tiere haben. So decken wir den Eimer mit einem nassen Tuch gegen die Sonne ab, damit die Krabben naß und am Leben bleiben, und bereiten uns auf den Heimweg vor.

Vorher ist aber noch ein Gang über den Deich zum jenseitigen Teil der Schleusenanlage für uns wichtig. Dort wird das Süßwasser mit Bedacht für die Bauern bis zu einer gewissen Höhe aufgestaut gehalten, damit die Gräben im Koog gefüllt bleiben, die gleichermaßen zum Trinken für das Vieh als auch zur Abgrenzung der Fennen dienen.

Der breite Sielzug führt klares Wasser und ist sehr fischreich, wie wir wissen. Sein Rand ist dicht mit Wiesenschaumkraut übersät, das wir Kuckucksblumen – auf friesisch *Kukukskrölle* – nennen, weil es heißt, daß der Schaum an den Blüten Spucke vom Kuckuck ist. Erst viel später erfahren wir im Naturkundeunterricht bei Lehrer Albert Hansen, daß sich die Larve der Schaumzikade durch Einschäumen gegen Feinde schützt.

Wir gehen ein Stück am Graben entlang und erkunden, ob schon die ersten Hechte „stehen", die wir durch „Schnüren" mit feinem

Rosendraht gelegentlich fangen könnten. Aber kein Fisch läßt sich sehen, und wir nehmen an, daß das Wasser noch zu kalt ist. Dennoch wollen wir uns dieses Fangrevier merken.

Mit unserer belasteten Schubkarre wählen wir die kürzere Strecke zurück über Strich und den grünen Ewersweg und sind in einer knappen Stunde zu Hause. Mutter hat schon einen großen Topf mit kochendem Wasser für die Krabben auf dem Herd und die bewährte Eisenstange zum Umrühren vorgeglüht. So finden die Tiere ein schnelles Ende, und Mutter erhält dadurch rotgefärbte Krabben.

Während sie sich mit großem Appetit ans Zerlegen macht, guckt der Rest der Familie ihr mit gemischten Gefühlen zu. Mit einem spitzen Messer hebt sie geschickt den Rückenschild ab, entnimmt dem Inneren weißes Fleisch und eine grüne, zähe Flüssigkeit, die ihr offensichtlich mundet. Als sie uns reihum eine Kostprobe anbietet, lehnen wir alle höflich ab. Nur die von Mutter wenig beachteten Scheren finden unseren Zuspruch. Doch lohnt der geringe Inhalt an Fleisch kaum den Aufwand, die umschließenden harten Schalen aufzubrechen. So bleibt Mutter die einzige Genießerin dieser ungewöhnlichen Mahlzeit.

Die von uns gesammelten Muschelschalen aber, die wir leicht zerstampft auf den Futterplatz streuen, finden ungeteilten Anklang bei allen Hühnern. Nach Vaters Meinung reicht die Menge aus, unsere Eier ein ganzes Jahr lang mit festen Schalen zu versorgen.

Mein Weg zum Schuhmacher

Im Laufe des Jahres sind immer wieder Wege zum Schuhmacher Karl Hasselbrink erforderlich, weil unsere Lederschuhe von den älteren Geschwistern auf die jüngeren „vererbt" und somit lange erhalten werden müssen. Bevor wir sie jedoch zum Besohlen oder Flicken abgeben, ist eine sorgfältige Reinigung notwendig. Diese Säuberung ist bei den uns allenthalben umgebenden Lehmwegen keine Kleinigkeit. Zum Glück tragen wir alltags die praktischen Holzschuhe, deren kleines Oberlederteil für den Schulgang leicht sauber- und mit Lederfett schwarzzumachen ist. Die lehmverschmierten Sonntagsschuhe hingegen zu reinigen und blank zu putzen, ist uns allen ein Greuel. Da nützt keine noch so harte Bürste, die hellgraue Lehmschicht zu beseitigen, sondern nur kräftiges, zeitraubendes Kratzen mit einem alten Messer. Die beste Methode, so fand ich heraus, ist noch, die Schuhe einfach mit Wasser abzuschrubben, wobei man natürlich aufpassen muß, daß sie nicht von innen naß werden.

Ein großes Lob kann man sich damit verdienen, heimlich alle Schuhe der Familie oder auch nur die von Vater und Mutter zu säubern und mit Schuhwichse blank zu bürsten. Das aber ist sehr mühsam, und ich habe mich bisher nur wenige Male dazu überwinden können. So bleibt das Reinigen der Schuhe eine leidige Angelegenheit, und häufig verhilft erst ein Machtwort von Mutter dem Schuhbord zu einem erfreulicheren Anblick.

Sind die reparaturbedürftigen Schuhe sauber und blank, mache ich mich mit ihnen auf den Weg zum Schuhmacher – „to de Schooster", *tu 'e Sütter* –, der auf der Bahnenswarft wohnt. Vom Holländerdeich führt ein schmaler Klinkerstieg zur Warft hinauf. Im Vorbeigehen treffe ich die betagte Tante Anne, die für uns alle wie im Friesischen üblich *Anne-Mädder* heißt. Sie ist verwitwet und lebt alleine im westlichen Teil des Hauses von Karl Hasselbrink. Die Haustür ist hier wie fast überall im Dorf nicht verschlossen. Ich gehe von dem engen Flur aus, wo ich meine Holzschuhe stehen lasse, „op Strümpsocken" – *hosesookling* – durch die „Gute Stube", dann ein paar Stufen hinunter und bin nach Öffnen einer weiteren Tür in der Werkstatt. Dort ist es immer mollig warm, weswegen auch seine Frau Miede hier ihren festen Platz zum Kartoffelschälen und Handarbeiten hat.

Die Bahnenswarft um 1930

Der alte Meister sitzt auf seinem niedrigen Schemel, die winzige Nickelbrille tief auf der Nase, und behämmert eine dicke Sohle, die zu einem hüftlangen Stiefel für Reetschneider gehört. Wie ich von unserem Nachbarn Andrees Juler erfahren habe, der immer im Spätherbst und Winter im tiefen Wasser Schilf für unsere Reetdächer schneidet, ist Karl einer der wenigen, der die Kunst beherrscht, wirklich wasserdichte Lederstiefel herzustellen. Aber auch sonst genießt er wegen seiner sorgfältigen und preiswerten Arbeiten einen guten Ruf.

Bei ihm in der Werkstatt ist es so richtig gemütlich; es riecht nach frischem Leder, und ich bleibe möglichst immer ein bißchen länger dort. Ich sehe zu, wie er mit dem selbstgefertigten Pechdraht aufgeplatzte Nähte flickt. Beim Besohlen von Schuhen verfolge ich genau, wie er die Holzstifte, von denen er eine ganze Reihe zum Befeuchten zwischen den Lippen hält, geschickt in Doppelreihe in die kurz vorher mit dem Pfriem gestochenen Löcher schlägt.

Nebenbei fragt Karl mich, wie es Vater und Mutter gesundheitlich geht und ob Großvater von der Reise nach Tondern wieder zurück ist. Gerne erzählt er von seiner Wanderschaft, die ihn vor Jahrzehnten aus der Heimat Mecklenburg bis nach Nordfriesland führte, wo er schließlich hier auf der Bahnenswarft seßhaft wurde.

Ganz besonders geheimnisvoll wirkt seine Werkstatt mit den vielen Schuhen und Gerätschaften am Abend, wenn er die kopfgroße, wassergefüllte Glaskugel vor die Petroleumlampe hängt und das gebündelte Licht dann genau die zu flickende Stelle erhellt. Ich bestaune die Kugel als eine großartige Erfindung, die es aber, wie Karl sagt, schon lange gibt und den Schuhmachern ermöglicht, auch abends zu arbeiten.

Nachdem er meine mitgebrachten Schuhe genau in Augenschein genommen und mir den Tag genannt hat, an dem sie fertig sein werden, verabschiede ich mich. In der Dunkelheit muß ich achtgeben, den Fußstieg zur Straße hinauf nicht zu verfehlen, da ein Vorbeitreten meine Holzschuhe überschwemmen und mir nasse Füße bescheren würde. Am Abendbrottisch berichte ich ausführlich, was ich bei Karl Hasselbrink gesehen und gelernt habe.

Der Meierwagen und „Hinkepott"

In der kalten Jahreszeit, sofern kein Eis mich nach draußen lockte, verlegte ich meine Spiele ins Haus. Es handelte sich zumeist um das Nachahmen von Tätigkeiten, die ich in der Nachbarschaft oder auf der Straße beobachtet hatte.

So galt eine Zeitlang meine ganze Aufmerksamkeit dem von zwei Pferden gezogenen „Meierwagen", der täglich frühmorgens die Milch der Bauern in 20-Liter-Kannen einsammelte und sie gegen Mittag mit entrahmtem Inhalt aus der Meierei von Ockholm-Altendeich zurückbrachte. Dieser Wagen hatte eine riesige Ladefläche, die sicherlich an die hundert Kannen aufnehmen konnte. Meine uneingeschränkte Bewunderung galt aber dem Fuhrmann, der, auf dem Gefährt stehend, im Vorüberfahren die am Straßenrand abgestellten Kannen mit einer Hakenstange schwungvoll nach oben holte. Oft waren es gar mehrere dieser schweren Milchbehältnisse, die er nacheinander hinaufbeförderte, ohne daß die Pferde anhalten mußten.

Diese ungewöhnliche Geschicklichkeit weckte in mir den Eifer, es ihm gleichzutun, und Mutters Küche bot mir Raum und Gerätschaften, es zu erproben. Einige Stühle und Hocker wurden zusammengeschoben, an beiden Seiten auf dem Fußboden Pantoffeln, Holz- und Lederschuhe abgestellt, und schon waren sowohl der Meierwagen als auch die Milchkannen vorhanden. Jetzt benötigte ich nur noch Vaters Handstock; und mit diesem, 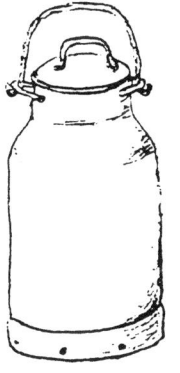 am unteren Ende gehalten, lief ich auf meinem Gefährt entlang, hakte die „Kannen" nach oben und setzte sie, zwischendurch unüberhörbar die Pferde antreibend, nach Rückkehr von der Meierei wieder einzeln ab. Ein kurzweiliges Unternehmen, das Mutter aber, da es so ziemlich die ganze Küche beanspruchte, nur in Schlechtwetterzeiten duldete.

Die Mädchen spielen gerne „Hinkepott", was natürlich nur in der wärmeren Jahreszeit draußen geschehen kann. Ich mache nur mal mit, wenn meine Schwestern mich sehr darum bitten und ich gerade nichts Besseres zu tun habe. Wir ritzen mit einem Stock eine Figur aus acht Quadraten in eine grasfreie Fläche. Die einzelnen Felder sind so bemessen, daß beide Füße darin Platz finden. Die ersten drei Felder liegen hintereinander, dann folgen zwei im Querformat, das nächste ist ein einzelnes, und die beiden letzten liegen wieder quer zur Achse.

Zu Beginn des Spiels werfen wir in das erste Quadrat eine Glasscherbe, durchhinken die ganze Figur und nehmen die Scherbe auf dem Rückweg mit hinaus, ohne dabei den anderen Fuß aufzusetzen. Dann kommt die Scherbe in das zweite, dritte und so fort, nacheinander durch alle Felder. Das Hineinwerfen der Scherbe wird mit der Entfernung immer schwieriger, weil sie zielgenau das betreffende Quadrat erreichen muß; andernfalls wird man „abgelöst". Beim Hinken wird streng darauf geachtet, daß man nirgends eine Linie berührt, und natürlich darf der zweite Fuß nie auf die Erde geraten. Ich finde das ganze Spiel ziemlich langweilig und dazu anstrengend mit dem dauernden Hüpfen, mal rechts mal links. Da ich die vielen Regeln nicht so genau kenne und wenig Übung habe, verliere ich fast immer. Aber das kümmert mich wenig.

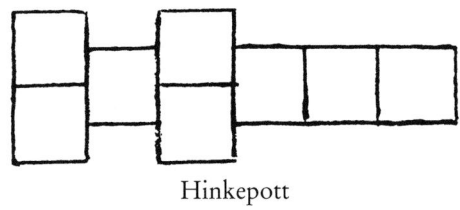

Hinkepott

Große Wäsche

Mindestens alle vier Wochen hat Mutter ihren Waschtag, *dat Kluuetouen*. Für die ganze Familie ist das ein unangenehmer, ja, ein fast gefürchteter Termin. Schon am Tag zuvor muß ich die beiden riesigen Zinkwannen mit Wasser füllen. Soweit davon noch reichlich vorhanden ist, hole ich es aus unserem „Sod", der Zisterne; in Trockenzeiten dagegen trage ich es mit der „Dracht" auf den Schultern in zwei Zinkeimern aus einem nahen Graben heran, der noch klares Wasser enthält.

Mutter sortiert indessen die Wäsche nach Merkmalen, die mir verschlossen bleiben. Dem Wasser wird ein Einweichmittel mit Soda beigemischt, das die Vorreinigung erheblich verbessern soll.

Der nächste Tag ist ausschließlich für das Waschen vorgesehen. Sogar das Mittagessen, bereits am Tag zuvor gekocht, braucht nur aufgewärmt zu werden. Schon frühmorgens werden die Wäschestücke dem Einweichwasser entnommen, ausgewrungen und in einem großen Kessel auf dem Küchenherd mit dem modernen Waschmittel Persil gekocht, für das neuerdings überall Reklame gemacht wird. Die Befeuerung des Herdes ist mir übertragen, und bald füllt sich der Raum mit dichtem Dampf.

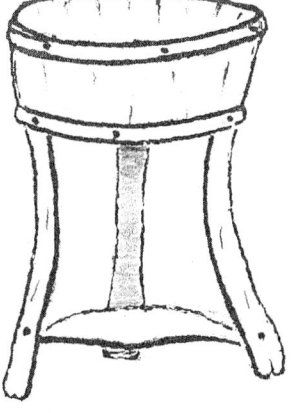

Nebenan in der Waschküche steht Mutter, die Ärmel hochgekrempelt, ein Tuch stramm um den Kopf gebunden, mit hochrotem Gesicht an der dreibeinigen Holzbalge – *di Kluue-* oder *Toubååle*, früher *Kluuesuuch* – und bearbeitet jedes Wäschestück gründlich auf dem geriffelten Waschbrett, *dat Riwwboord*, auch *Ruffel* genannt. Dabei steht der Topf mit grüner Seife, an der nicht gespart wird, immer in Reichweite. Man tut gut daran, ihren knapp gehaltenen Wünschen sogleich nachzukommen, da ihrer Langmut an diesem Tag enge Grenzen gesetzt sind.

Sind alle Wäschestücke durchgewaschen – „dörrüffelt", wie sie sagt – beginnt das Spülen in zwei wasservollen Wannen, die ich zwischendurch gefüllt habe. Vor jedem neuen Spülen müssen die Stücke hart ausgewrungen werden, wobei meine Hilfe wieder nötig ist: Mutter an dem einen und ich am anderen Ende, drehen wir die steifen Nessellaken und Bettbezüge so kräftig, daß auch mir der Schweiß auf die Stirn tritt.

Zeigen sich zurückgebliebene Flecken, so werden diese Stücke für mehrere Tage zum Bleichen auf die Warft gelegt. Hier ist die Wirkung der Sonne immer sehr willkommen, die unserer Hühner und Enten dagegen höchst unerwünscht.

Schließlich flattert am Spätnachmittag – nach gesonderter Behandlung der Buntwäsche – an langen Leinen, die Vater jedesmal sachgerecht hin und her über unsere Warft spannt, sauber aufgereiht das stolze Ergebnis des arbeitsreichen Tages. Haben wir mit dem Wetter Glück, holen wir gegen Abend nach und nach alle trockenen Stücke herein. Laken und Bettbezüge werden von Mutter und mir gereckt und gestreckt, indem wir mit aller Kraft an den Längsseiten ziehen und rucken, was sogar ein bißchen Spaß macht. Dennoch bin ich immer froh, wenn dieser Tag vorbei ist. Bei der Bügelei am nächsten Tag mit dem neuen praktischen Kohleplätteisen – *dat Strickjoorn* –, das Mutter kürzlich zum Geburtstag bekommen hat, ist meine Hilfe nicht mehr erforderlich. Doch in vier Wochen steht uns unerbittlich der nächste Waschtag bevor…

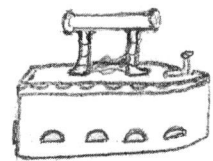

Schulausflug zur Lüttjenswarft

Meine Nachbarin Mathilde Breckling, geb. Friedrichsen, zeichnete im März 1985 im Alter von 88 Jahren Erlebnisse von ihrem Schulausflug um 1900 auf, die ich hier mit freundlicher Zustimmung ihrer beiden Töchter leicht gekürzt wiedergeben möchte:

Als ich im Frühjahr 1904 in die Schule kam, war das für mich ein großes Ereignis. Unsere Schule hatte zwei Klassenräume für je vier Jahrgänge mit insgesamt 120 bis 130 Kindern und dafür zwei Lehrer. Unser Lehrer hieß Herr Petersen, war eine respektvolle Erscheinung, ruhig und sehr lieb. Obwohl er immer einen kurzen Stock in der Hand trug, hatte man gleich Vertrauen zu ihm.

Nach einigen Wochen kam Neues, Großes auf uns zu. Ich meldete strahlend und aufgeregt zu Hause: „Mutter, wir sollen einen Ausflug machen!" Ein bekümmerter Seufzer meiner Mutter: „Wohin?" „Nach Lüttjenswarft!" Dies ist eine Warft mit drei Häusern, gleich hinter dem Seedeich gelegen, etwa zwei Kilometer von der Schule entfernt. Vier Kinder von dort gingen täglich den Weg zu unserer Schule und staunten, daß der Ausflug zu ihnen etwas Besonderes sein sollte. Aber ich konnte abends nicht einschlafen, denn viele Vorbereitungen waren noch nötig.

Von Hamburger Verwandten hatte ich eine Botanisiertrommel geschenkt bekommen. Sie hing fein säuberlich an der Wand über meinem Bett. Ich liebte sie wegen der hübschen Bemalung sehr, wußte aber nicht, wofür sie gut sein sollte, weil mir das Wort Botanisieren völlig fremd war. Meine größere Schwester klärte mich auf: „Die Trommel nimmst du mit auf den Ausflug. Erst tust du da deinen Proviant hinein und nachher Muscheln und was du sonst noch am Wasser findest." Die Trommel kam mit, auch wenn sie beim Gehen etwas lästig war.

Nun die Kleiderfrage! Ich besaß drei Kleider: ein tägliches von meiner großen Schwester, ein Schul- und ein Sonntagskleid. Letzteres durfte ich werktags nur zu Kaisers Geburtstag am 27. Januar anziehen. Nun aber war morgen ein ebenso großer Feiertag in

Lehrer Bernhard Petersen mit Enkelin

Aussicht. Als dann auch noch meine Sonntagsschuhe bereitgestellt wurden, war meine Festtracht vollkommen.

Am nächsten Tag hatten wir strahlend schönes Wetter. Beim Abschied drückte Mutter mir zwei Pfennig für Bonbons in die Hand – es lag ja ein Kramladen dicht bei der Schule! Die Menge der Bonbons hing von der Bedienung ab. Wenn „er" da war, gab es doppelt so viele und sogar in einer kleinen Tüte; bei „ihr" dagegen nur vier Stück in die Hand. Ich hatte Glück, „er" war da! Herr Nielsen war sehr kinderfreundlich, und als ich ihm von dem Grund meines Einkaufs erzählte, kamen noch zwei Bonbons mehr in die Tüte. Das wurde fast zuviel des Glücks, und froh erreichte ich den nahen Schulhof.

Dort balgten sich die Jungs, aber Herr Petersen hatte sie trotz seiner Ruhe bald alle unter Kontrolle und gab seine Anweisungen. Ich war voller Erwartung. Mit meinen größeren Geschwistern war ich schon mehrmals am Außendeich, doch wurde ich immer am Deich abgesetzt und hatte es noch nie bis zur Abbruchkante und somit an die Nordsee geschafft. Aber nun war alles anders, ich ging zur Schule und fühlte mich groß und stark.

Lehrer Petersen gab den Marschbefehl, und wir gingen einen mir völlig unbekannten Weg rechts an der Kirche vorbei, der über zwei Gräben und dann auf einen grünbewachsenen Wirtschaftsweg führte. Seitlich lag ein schmaler Fußsteig aus Klinkersteinen für die Schulkinder von den verschiedenen Warften. Nun stimmte unser Lehrer, der sehr musik- und sangesfreudig war, ein Lied an: „Nun ade, du mein lieb Heimatland." Alle sangen wir mit, jeder so gut und laut, wie er konnte. Ob es schön klang, weiß ich nicht. Die Kühe in den Fennen fanden es jedenfalls aufregend, denn sie kamen wild ins Rennen und stoppten erst kurz vor dem Wassergraben, der uns von ihnen trennte.

Wir hatten ein gutes Tempo, denn es gab keinen Gegenverkehr. Nur ein Bauer kam uns entgegen mit einer Kuh am Strick. Beim Anblick von so viel Übermut und fröhlichem Leben wurde diese so störrisch, daß sie auch bei bestem Zureden nicht von der Stelle zu bringen war. So mußten wir ganz still seitwärts an ihr vorübergehen.

Dann wurde wieder ein schönes Volkslied nach dem anderen gesungen. Wir Kleinen kannten meist nur den ersten Vers vom Text, aber dann ging es mit „La-la-la" weiter. Hauptsache, wir sangen mit!

Nun kam Strich, eine kleine Landstelle vor dem Seedeich. Woher der Name? Ich weiß es nicht. Er gehört seit Menschengedenken einfach zu dem Haus und dem jeweiligen Besitzer. Ein kleiner Hund bellte sehr aufgeregt, konnte uns aber nichts anhaben, weil ein Graben zwischen uns war. Und nun lag der Deich vor uns. Für die Schulkinder war ein treppenartiger Aufstieg aus Klinkersteinen angelegt worden. Wir Mädchen benutzten ihn, was ziemlich mühsam war, denn die Steine lagen schief und krumm und waren teilweise ganz in der Erde verschwunden. Die Jungs machten es sich einfacher und rannten in drei, vier Sätzen nach oben.

Dort bot sich uns ein hübsches Bild. Hunderte von Schafen nährten sich von dem kurzen, saftigen Gras und ließen sich von uns kaum stören. Die Flut war im Kommen. Mein erster Blick aber ging rückwärts, ob ich Mutters Haus noch sehen konnte. Herr Petersen zeigte es mir. Da lag es ganz deutlich, etwas näher davor die Kirche. Nun ging es oben auf dem Deich entlang. Meine Beine, die kein Wandern gewohnt waren, wurden schon ganz müde. Aber das Ziel, die Lüttjenswarft, kam ja immer näher.

Dort angekommen, staunte ich, daß die Flut bis dicht vor den Deich kam; es war dort nur ganz wenig Vorland. Dann waren da viele, viele verschiedene Vögel, die ich noch nie gesehen hatte. Herr Petersen zeigte uns die Halligen, die unendlich weit draußen im Nebeldunst lagen, und nannte ihre Namen. Uns interessierte aber viel mehr das Treibsel, das in einem dicken Streifen von der Flut angespült worden war. Was gab es da alles zu finden an Muscheln, hübschen Steinen, Flaschen, Stöckchen und noch vielem mehr! Meine Botanisiertrommel füllte sich.

Mir fiel auf, daß die Jungs immer abwechselnd auf den Deich stiegen und Ausschau hielten, als ob sie jemanden erwarteten. Und plötzlich der Freudenschrei: „Er kommt, er kommt!" Wir Kleinen waren ahnungslos. Ein Mann mit weißer Jacke kam auf dem Außendeich entlang und zog eine Karre mit einem großen Korb, der bei uns abgeladen wurde. Darin lag eine Unmenge sogenannter Zuckerkringel, groß wie ein Eßteller, die sonst nur zu Beerdigungen gebacken wurden. Jeder bekam einen leckeren Kringel, wir setzten uns am Deich ins Gras, und sogar bei den Jungs trat feierliche Stille ein.

Doch nicht lange, dann brach wieder Jubel aus. Eines der drei Häuser betrieb eine kleine Gastwirtschaft, hauptsächlich für die Arbeiter, die am Damm und auf den Halligen arbeiteten. Die Wirtin, Tante Berta, kam mit einer Nachbarin über den Deich und brachte ein paar Kannen Limonade. Auch das war mir ein Fremdwort, denn ich kannte nur Mutters Fruchtsaft. Jeder bekam davon einen Becher voll. Oh, wie sie rot in der Sonne funkelte und wie sie schmeckte! Mit Mutters Fruchtsaft nicht zu vergleichen. Das war nun wirklich der Höhepunkt dieses Tages.

Der Heimweg war nicht mehr ganz so lebhaft. Gesungen wurde auch nicht mehr so viel. Doch in mir klang es immer noch nach: „Wie bist du doch so schön, oh du weite, weite Welt!"

Großmutter erzählt aus vergangenen Zeiten

Der unheimliche Brunnen

Während Großvater Lorenzen als weitgereister Mann von Berlin und Paris zu berichten wußte, hatte Großmutter den Umkreis von Tondern, Leck und Husum in ihrem Leben nie überschritten. Dennoch waren ihre Geschichten aus diesem engen Bereich so bunt und vielfältig, daß sie neben denen von Großvater, die er mir allabendlich im Bett liegend erzählte, durchaus die gleiche gespannte Anteilnahme weckten. Sie hatten sogar noch den Vorteil, daß ich die Orte des Geschehens kannte und sie sich mir dadurch besonders deutlich einprägten.

Es handelte sich meistens um Geschichten aus längst vergangenen Zeiten, die über Generationen durch mündliche Überlieferung während der Schummerabendstunden erhalten blieben; andere wurden beim Durchblättern der alten Familienchroniken, die wir der Eichentruhe in der Vordiele entnahmen, wieder lebendig.

Gern erinnerte sich Großmutter an den letzten Besitzer des Gutes Kleinbottschlott, Georg Reeder, der – ein tüchtiger Landwirt und bekannter Viehzüchter – oft die Dienste ihres Großvaters als Dorfschmied in Anspruch nahm. Leider verstarb Reeders einziger Sohn im Kindesalter, und die Tochter heiratete einen Arzt in Husum. Als sie das elterliche Gut verließ, soll sie gelobt haben: „Nie wieder zurück nach Bottschlott!", was sie auch eingehalten hat. So verfielen nach dem Tode Reeders die Wirtschaftsgebäude des Gutes unten im Bottschlotterkoog mehr und mehr, und im hochgelegenen ehemaligen Herrenhaus, gleichfalls sichtlich dem Verfall preisgegeben, fristete zu meiner Zeit nur noch Magnus mit seiner Frau Gethe ein eher kümmerliches Dasein als Aufsichtsmann über Ländereien ortsfremder Eigentümer.

Nach den Erzählungen von Großmutters Vorfahren hatte der Amtmann von Tondern, Wolf Blome, der auch den nach ihm benannten Blomenkoog eindeichen ließ, das Gut Bottschlott mit ehemals über 1000 Demat (500 ha) gegründet. Der spätere Besitzer Tychsen erbaute dazu das ansehnliche weiße Gutshaus Großbottschlott nahe dem See im Jahre 1684, wie die Maueranker an der Südwand in Form von geschmiedeten Zahlen weithin verkünden. An gleicher Stelle hatte vorher die von den holländischen Deicharbeitern 1634 errichtete katholische Kapelle gestanden, deren Balken nach dem Abbruch beim Bau des Hauses Sibbersen, Holländerdeich 66, neue Verwendung gefunden haben. Seit Jahrzehnten betrieb dort nun die Familie Ebsen ein Kolonialwarengeschäft, wohin ich von Zeit zu Zeit für Großmutter zwei Stiegen mit je 20 Hühnereiern oder gar ein Schock, also 60 Stück, brachte und dafür Waren eintauschte. Da meine große Schwester mit der dortigen Tochter Tyra befreundet war, gelangte ich einmal in deren Garten und konnte mir den Brunnen genau ansehen, von dem Großmutter mir eine sehr traurige Geschichte erzählt hatte:

112

Als vor über 150 Jahren dieser tiefe Brunnen gegraben wurde, hängten die Gutsarbeiter des damaligen Besitzers Jessen ihre in der Woche erbeuteten Wildenten an langen Leinen in den kühlen, noch unfertigen Brunnen. Auf diese Weise sollte ihr Fang bis zum Sonntag frisch bleiben, da sie erst dann zu ihren Familien gehen konnten.

Gutshof Großbottschlott um 1920

Beim Heraufholen der Beute am Wochenende riß jedoch die Leine, und die Enten fielen auf den trockenen Brunnenboden. Eine lange Leiter wurde hineingestellt, und der Großknecht – *di Büdräng* – stieg hinab. Als er nach geraumer Zeit nicht zurückkehrte, kletterte ein Arbeitskollege hinunter, um nach ihm zu sehen. Aber auch er kam unerklärlicherweise nicht wieder nach oben, so daß ein dritter Mann hinabstieg. Als auch dieser, ohne ein Lebenszeichen von sich zu geben, ausblieb, band man in aller Eile einem vierten ein Seil um den Leib, bevor man ihn hinabließ, um nach den Verschwundenen zu suchen. Doch bereits nach wenigen Minuten zog man ihn ohnmächtig wieder herauf, wo er sich an der frischen Luft glücklicherweise bald erholte.

113

Die drei anderen konnten mit überlangen Brandhaken nur noch tot geborgen werden. Als Ursache des schrecklichen Unglücks vermutete man schwefelähnliche Gase, die sich unten im Brunnenschacht angesammelt hatten. An diese leidvolle Begebenheit mußte ich denken, als ich dort über den Rand in den Sood guckte, der seither Generationen mit dem lebenswichtigen Trinkwasser versorgte.

Der große Deichschluß

Eine weitere Geschichte, die mit Bottschlott zusammenhängt, erzählte Großmutter erst auf mein wiederholtes Bitten hin, weil sie meinte, sich nicht für die Wahrheit verbürgen zu können. Es geht darin um die Überdeichung des Bottschlotter Tiefs zwischen Waygaard und der damaligen Hallig Fahretoft.

Seit über 50 Jahren waren die Herzöge von Gottorp bemüht gewesen, diesen reißenden Priel zu durchdämmen. Doch immer rissen die gewaltigen Flut- und Ebbströme, gepaart mit Stürmen, die unter großem Aufwand von beiden Ufern aus vorangetriebenen Deiche kurz vor ihrem Zusammenschluß wieder fort. So waren alle über Monate hin geleisteten Arbeiten und Mühen vergebens und viel Geld wiederum verloren.

Allmählich entstand der Aberglaube, daß auf diesem Vorhaben ein Fluch laste, der nur durch ein Menschenopfer gesühnt werden könne. Als im Jahre 1633 erneut ein Deichschluß unmittelbar bevorstand und sich abermals ein schwerer Sturm ankündigte, flammte das Gerücht unter den Deichbauarbeitern wieder heftig auf. Gruppen bildeten sich, verstohlen wurden Absprachen getroffen, und eine geheimnisvolle Geschäftigkeit entspann sich.

Der endgültige Deichschluß war für die Zeit der Nippflut bei Hohlebbe um die Mitternacht zum 2. Juli angesetzt. Riesige Mengen an Erde, Steinen und Strauchwerk lagen aufgetürmt zu beiden Seiten des nur noch schmalen Wasserdurchlaufs. Nach der Versenkung von zwei mit Erde gefüllten Schuten als Grundlage sollte dieses Material unter Aufbietung aller Kräfte in die Lücke geschüttet werden, da die beiden Kähne das Wasser nur für kurze Zeit absperren würden.

Gegen Abend verdunkelte sich der Himmel, und ein Gewitter, das nichts Gutes versprach, zog von Westen herauf. Bei spärlichem Licht warteten auf beiden Seiten des gurgelnden Stroms alle Beteiligten mit fühlbarer Spannung auf den tiefsten Ebbestand, der den entscheidenden Einsatz bringen würde.

Als aber das Unwetter hereinbrach, löste ein Mißverständnis die Unternehmung vorzeitig aus. Bei Regen und Dunkelheit wurden die gestapelten Materialien überhastet in die gähnende Lücke geschleppt, geschoben, geworfen, während der unaufhörliche Donner alle Anweisungen übertönte. Nur einmal soll ganz kurz ein Wimmern wie das eines Kindes zwischen zwei Donnerschlägen vernommen worden sein.

Als der Tag zu dämmern begann, war die Überdeichung trotz aller Widrigkeiten glücklich gelungen. Das abgesperrte Wasser nördlich des neuen Deiches stand ruhig und bildet bis auf den heutigen Tag den Bottschlottersee; nach Süden hin erinnern nur noch einige größere Teiche an den ehemals reißenden Wattstrom, der Fahretoft jahrhundertelang von Waygaard getrennt hatte.

Großmutter wollte mir nicht bestätigen, daß womöglich ein Kindesopfer den Deichschluß endlich habe gelingen lassen, wenngleich sie einräumte, daß Dorfbewohner in windstillen Nächten dort zuweilen Laute vernahmen, die dem Weinen eines Kindes ähnelten.

Diese alte mündliche Überlieferung war für mich viel bewegender als die in der Schule von Lehrer Nissen gehörte Darstellung, in der von einem Kind keine Rede war. Gern hätte ich die Wahrheit erfahren und überlegte, ob ich meine große Schwester wohl dazu überreden könnte, mit mir einmal zu nächtlicher Stunde an die unheimliche Stelle zu gehen. Mein Bruder Fidi würde sicher alles für ein Märchen halten und lieber schlafen wollen.

Die gesunkene Geldtruhe

Eine dritte Geschichte, die ebenfalls mit Bottschlott zu tun hat, wußte Großmutter ein andermal zu erzählen. Sie habe sich am Tage nach der schweren Sturmflut vom 11.10.1634 zugetragen, in der die große Insel Strand unterging und während der auch auf der damaligen Hallig Fahretoft viele Menschen ihr Hab und Gut oder gar ihr Leben verloren.

Auf Bottschlott befand sich zu dieser Zeit die Leitung der vom Herzog mit dem Deichbau betrauten Holländer, in deren Obhut auch die gewichtige eisenbeschlagene Kiste mit den Lohngeldern für die zahlreichen Arbeiter gegeben war.

Die Fahretofter, durch mehrere fehlgeschlagene Überdeichungsversuche schwer belastet und verarmt, sahen im allgemeinen Durcheinander nach der verheerenden Sturmflut eine Gelegenheit, sich in den Besitz dieser Geldkiste zu bringen, um einen Teil der von ihnen gezahlten Abgaben zurückzuholen.

Sie taten sich zusammen und bewegten sich auf Bottschlott zu. Doch dort hatte man bereits Wind von der geplanten Aktion der Friesen bekommen und die wertvolle Kiste in einen Kahn verladen, mit dem die Holländer nun quer über den Bottschlottersee nach Leck zu entkommen suchten. In ihren kleinen Booten setzten die Fahretofter ihnen aber nach, und als sie den Flüchtenden nahe kamen, kippten die Holländer, wie Großmutter zu berichten wußte, in ihrer Angst die Geldkiste über Bord. Daraufhin ließen die Verfolger von den Flüchtenden ab und begannen sogleich, nach der begehrten Beute zu fischen.

Mit Klootstangen und Brandhaken suchten sie den moorigen Grund des Sees in weitem Umkreis der Abwurfstelle ab, doch ohne Erfolg. Trotz tagelanger Mühen war ihnen kein Glück beschieden. Und so liegt die Geldkiste mit dem wertvollen Inhalt an Silber- und Goldmünzen bis zum heutigen Tag auf dem Grund des Bottschlottersees.

Als ich meinem großen Bruder Fidi diese Geschichte erzählte, meinte er nach kurzem Überlegen, ob wir beide vielleicht eine Suchaktion unternehmen sollten. Wir könnten dazu sicherlich das Boot vom Fischer Momme leihen...

116

Hertje von Horsbüll

Von der Weissagung der Hertje von Horsbüll habe ich ebenfalls von meiner Großmutter in einer Schummerstunde erfahren. Es sei vor der großen Flut von 1634 gewesen, als diese weithin bekannte Seherin dem Herzog Friedrich III. von Gottorp die Brandschatzung Schleswigs durch die Kriegerhorden Wallensteins und die nachfolgende schwere Pest geweissagt habe. Auch den Untergang der Insel Strand und weiter Teile der Küstenländer habe sie ihn im voraus wissen lassen, und alles sei eingetroffen!

Doch eine von Hertje vorausgesagte verheerende Sturmflut stehe noch aus, eine, in der das hochgelegene Risummoor und der Holmer Sand untergehen und die Nordsee so hoch auflaufen werde, daß ein ertrunkenes schwarzes Schaf zur Dachluke des Küsters von Lindholm hineintreibe. *„Än wänn dat Loun oun't sält Wäer unnergängen äs, dänn säit di Schapper tu san Stjörmoon: ‚Påås aw, we kame nü auer 'e Houlmer Soun!'"* (Und wenn das Land im Salzwasser untergegangen sein wird, dann sagt der Schiffer zu seinem Steuermann: Gib acht, wir kommen über den Holmer Sand!)

Zum Glück aber sei diese letzte schreckliche Weissagung, die auch unseren Untergang in Fahretoft bedeuten würde, noch nicht wahr geworden. Doch könne sie sich, endete Großmutter, noch jeden Tag erfüllen.

Großvater, der die tägliche Dämmerstunde mit uns teilte, gab zu bedenken, daß diese Erzählung mich zur Nacht ängstigen und mir schlechte Träume bereiten könne. Doch Großmutter legte ihre Hand auf meinen Arm und beruhigte mich in ihrer friesischen Muttersprache: *„Dü törst äi trung wee-e, man Junge, Hertje heet dat vor 300 Iirnge säid, än deer koon noch iessen süfole Tidd fergunge, bit dat Wäer kammt."* (Du brauchst nicht bange zu sein, mein Junge, Hertje hat das vor über 300 Jahren gesagt, und es kann nochmal soviel Zeit vergehen, bis daß das Wasser kommt.) Somit würde diese Wasserflut wohl nicht gerade zu meinen Lebzeiten losbrechen, tröstete ich mich. Aber daß sie kommen würde, schien für Großmutter festzustehen.

Kanonendonner vor der Küste

An einem anderen Abend erinnerte sich Großmutter an den Kanonendonner, der im Führjahr 1864 von See herübergrollte. Sie war soeben 16 Jahre alt geworden, als von Langenhorn her fremde, bunt uniformierte Soldaten in langer Reihe hintereinander auf dem Fußsteig des Holländerdeiches nach Westen in Richtung Dagebüll zogen. Es mochten über einhundert gewesen sein. Sie trugen riesige Gewehre, hohe, seltsame Mützen, Wolldecken auf ihren Tornistern und waren trotz der um diese Jahreszeit überaus schlechten Wegeverhältnisse, die deutliche Spuren an ihren Stiefeln und Uniformen hinterlassen hatten, anscheinend guten Mutes. Sie lachten viel und sprachen Großmutter in einer ihr unverständlichen Sprache an, die sich aber später als eine süddeutsche Mundart herausstellte.

Es handelte sich um Österreicher, die den Preußen bei der Vertreibung der Dänen aus Schleswig-Holstein helfen sollten. Wie Großmutters ältester Bruder Sibbern nach brockenweiser Verständigung mit den Vorüberziehenden herausfand, war ihr Ziel der Hafen von Dagebüll. Dennoch war die Aufregung im Dorf über den nicht angekündigten fremden Besuch beträchtlich, befürchtete man doch weitere Soldatentrupps, die dann unter Umständen hier Quartier fordern und zu einer schweren Belastung werden könnten.

Am nächsten Tag verbreiteten sich Gerüchte. Danach hatten die Dänen in Wyk auf Föhr Kanonenboote liegen, mit denen sie Dagebüll beschießen wollten; die Jens- und Neuwarfter seien deshalb schon zur Kirchwarft geflüchtet. Anderen Gerüchten zufolge waren die Dänen bereits bei Schleswig geschlagen worden und befanden sich auf dem Weg nach dem Norden.

Plötzlich war Kanonendonner von Westen her zu hören, und es hieß, der dänische Kommandeur Hammer wolle Dagebüll als Stützpunkt sichern, bevor die Österreicher ihre Geschütze herangebracht hätten. Bruder Sibbern holte zwei Leitern hervor, legte sie übereinander ans Dach und kletterte hinauf. Von unserer hochgelegenen Warft sah er vom Hausfirst aus über die damals fast baumlose Marsch nach Dagebüll hinüber und meldete den unten Wartenden tiefschwarzen Rauch auf dem Haffdeich, der nichts Gutes ahnen ließ. Doch stammte er von brennenden Teertonnen, wie sich später herausstellte, die, als Rauchzeichen gezündet, die Geschütze der Österreicher von Südwesthörn herbeirufen sollten.

In aller Eile wurden sie nun nach Dagebüll in Marsch gesetzt, was aber bei den aufgeweichten, schlammigen Wegen über die ganze Strecke hin viel Zeit kostete. Schließlich kamen die Geschütze unter unsäglichen Mühen der Mannschaften und der Pferde in Dagebüll-Hafen an, wurden sogleich in Stellung gebracht, und die erste Salve dröhnte auf die See hinaus, den Dänen hinterher; denn die Kanonenboote hatten bereits abgedreht und waren fast schon außer Reichweite der österreichischen Geschütze. So wurde auch kein Boot getroffen, und die ganze Aktion verlief unblutig.

Damit war für Dagebüll und Fahretoft der deutsch-dänische Krieg beendet. Sibbern holte die Leitern vom Dach herunter, und der Alltag kehrte wieder ein. Doch boten die fremden Soldaten und der Geschützdonner in dem damals so völlig abgeschiedenen Dorf noch lange Gesprächsstoff.

Nach Großmutters Erinnerungen brachte die Beendigung der dänischen Herrschaft für Fahretoft keine großen Veränderungen, weil unsere Bökingharde von der Ausführung des dänischen Spracherlasses freigestellt war. Hier an der Küste durfte daher weiterhin in der Schule deutsch gelehrt und in der Kirche deutsch gepredigt werden.

Anders dagegen in der Karrharde und weiter hinüber nach Flensburg, wo dieser Erlaß vor Jahrzehnten Dänisch zur alleinigen Amtssprache erhoben hatte und nun wieder eine schwierige Umstellung auf Deutsch einsetzte. Auch Großvater, der seine Jugend in Leck verbrachte und in der Schule nur dänisch sprechen und schreiben gelernt hatte, war davon hart betroffen. Er wurde gerade in dem Jahr aus der Schule entlassen und mußte sich diese für ihn neue Sprache nun ohne fremde Hilfe aneignen, was ihm nur unvollkommen gelang.

119

Der Dorfschmied und Hans Momsen

Einen breiten Raum in den Erinnerungen meiner Großmutter nahm die freundschaftliche Beziehung ihrer Vorfahren zu dem bekannten Fahretofter Mathematiker und Mechaniker Hans Momsen ein, dessen Wirken später von Theodor Storm in seiner Novelle „Der Schimmelreiter" gewürdigt wurde. Die Verbindung dauerte über mehrere Generationen.

Begonnen hatte sie, so hörte Großmutter bereits als Kind während der Schummerabende, mit häufigen Besuchen des jungen Hans in der Schmiede ihres Vorfahren Broder Carstensen (1701–1765), weil ihn das Hantieren mit Feuer und Eisen fesselte und er daraus zu lernen gedachte. Der Schmied fand im Laufe der Zeit mehr und mehr Gefallen an dem aufgeweckten Jungen und ließ ihm schließlich alle praktischen Hilfen zukommen, die er brauchte, um seine zahlreichen phantasievollen Ideen verwirklichen zu können.

Dennoch hatte der junge Momsen keinen leichten Stand, weil er weder in der Schule noch bei seinem Vater Verständnis für seine ungewöhnlichen geistigen und handwerklichen Vorhaben fand. So mußte manches heimlich geschehen, und hierbei war ihm der Schmied ein treuer Verbündeter. Noch im hohen Alter soll Momsen geäußert haben, daß er in seinen schweren Jugendjahren nur zwei Vertraute hatte: seine Mutter und den Dorfschmied Broder Carstensen.

Hans Momsens enge Verbindung zur Schmiede blieb auch dann noch erhalten, als 1766 der Sohn Detlef Carstensen nach dem Tode seines Vaters den Betrieb übernahm, und späterhin, als dessen Sohn gleichen Namens die Schmiede in der nächsten Generation weiterführte. Diese Beziehung beschränkte sich nicht auf das rein Handwerkliche, sondern zeigte sich auch im familiären Umgang, indem Momsens Tochter Engel-Lena (1782–1823) für das erste Kind des Schmieds – Hanna, Großmutters Mutter – bei dessen Taufe 1806 die Patenschaft übernahm. Dadurch kam die Patin Hanna des öfteren in das Haus Momsen auf der Gabrielswarft und konnte sich gut an die gebeugte Gestalt des alternden Gelehrten und an die stattliche Erscheinung seiner Frau Adelheid erinnern. Auch war ihr im Gedächtnis geblieben, daß in der Familie Momsen wie in ihrem eigenen Elternhaus nur friesisch gesprochen wurde, was von Anbeginn zu einer besonderen Vertrautheit beigetragen hatte.

In Ehren blieb das Geschenk einer wunderschönen Puppe, die ihre Patentante Engel-Lena selbst gefertigt hatte und die auch in der nächsten Generation, in Großmutters Kindheit, noch liebevoll behütet wurde. Hanna war 17 Jahre alt, als Engel-Lena allzufrüh verstarb. Ein ungewöhnlich großes Gefolge fand sich zu ihrer Beerdigung ein. Nach dem Tod der Mutter Adelheid Momsen im Jahre 1827 zog die jüngste Tochter Johanna nach Bredstedt zu ihrem Bruder Momme, der dort als Advokat lebte.

Großmutter wußte aus Erzählungen ihrer Mutter immer wieder kleine Eigenheiten aus dem Leben von Hans Momsen zu berichten, der im vorgeschrittenen Alter stets eine dicke, aus Schafwolle gestrickte Wollmütze trug, die er auch in der warmen Stube nicht ablegte. So hat ihn auch der bekannte Bredstedter Kunstmaler Christian Albrecht Jensen auf dem einzigen erhaltenen Portrait gemalt. Auch in lebendiger Erinnerung blieb in Großmutters Familie ein besonders schwieriges Anliegen Momsens. Vor seiner Verheiratung hatte er um 1780 das Elternhaus nach seinen genauen Angaben in die jetzige Form umbauen lassen und in diesem Zusammenhang für den neuen Giebel beim Großvater zwei ungewöhnliche Maueranker bestellt. Sie zeigten in kunstvoll verschlungener Weise die Anfangsbuchstaben seines eigenen und des Namens seiner künftigen jungen Frau. Bei der Vorlage der von Momsen angefertigten Zeichnung hatte der Urahn bedenklich den Kopf gewiegt, ob er als Huf- und Grobschmied den Ansprüchen Momsens würde gerecht werden können. Doch dann sei der Auftrag zu dessen voller Zufriedenheit ausgeführt worden, und noch heute erfüllen diese Anker ihren praktischen wie auch schmückenden Zweck.

Im Gegensatz zu den übrigen Dorfbewohnern erfreuten Momsen die vielfältigen Arten der Wildkräuter auf der Steinbrücke entlang seines Hauses, und gern hätte er sie dort unbehindert gedeihen lassen; ihm genügte die riesige schwarze Steinplatte vor seiner Haustür, die wir noch heute dort bewundern können, als sauberer Zugang zum Gebäude. Doch Frau Adelheid war immer wieder unter großem Zeitaufwand bemüht, mit spitzem Messer den Bewuchs zwischen den kleinen runden Feldsteinen herauszuheben, um nach Sitte des Dorfes die Steinbrücke peinlich reinzuhalten.

Häufig, wenn von Reisen und fremden Ländern die Rede war, verwendete Großmutter den von Momsen geliebten Leitspruch: *„Louk ååst, louk weest, inne äs't beest!"* (Schau nach Osten, schau nach Westen, zu Hause ist's am besten!) Momsens ausgeprägte heimatliche Verbundenheit war Großmutters Wesen sehr verwandt und hat ihr ganzes Leben bestimmt. Nur selten und dann nur für kurze Zeit hat sie ihr geliebtes Heimatdorf verlassen.

Sicher wäre Großmutter erfreut und stolz gewesen, hätte sie erahnt, daß rund 40 Jahre später die neuerbaute Schule in Fahretoft nach ihrem verehrten Hans Momsen benannt wurde und daß ihr Enkel zur Einweihung Leben und Wirken des großen Sohnes unseres Dorfes würdigen durfte:

Leben und Wirken Hans Momsens

Heute, am 2. Mai 1963, wird die neue Schule in Fahretoft nach dem größten Sohn unserer Gemeinde, Hans Momsen, benannt und ihrer Bestimmung übergeben. Damit findet ein Mann, dessen Kindheit und Lebenswerk mit unserem Dorf eng verbunden sind, endlich die verdiente Ehrung und eine würdige Gedenkstätte.

Hans Momsen erblickte am 23. Oktober 1735 auf der Gabrielswarft das Licht der Welt. In der Schule hatte der kleine Hans, dessen ungewöhnliche Begabung sich früh regte, einen schweren Stand, weil sich der damalige Schulunterricht in sehr engen Gren-

Das Haus von Hans Momsen (1995)

zen bewegte und wenig Raum für den stets hungrigen Geist dieses Kindes bot.

Wer neben dem einfachen Rechnen und Lesen hauptsächlich Bibelsprüche und Gesangverse sowie den Katechismus auswendig hersagen konnte, galt als guter Schüler. Eigenes Denken oder gar Fragenstellen nach dem Wie und Warum waren dem Lehrer unbequem und wurden streng getadelt. Kein Wunder, wenn der aufgeweckte Junge bei dieser Art des Unterrichts starkes Mißbehagen verspürte und oft geistig abwesend war. Er dachte dann lieber darüber nach, wie er seine kleinen mechanischen Arbeiten zu Hause am zweckmäßigsten ausführen konnte. So geriet er in den Ruf eines einfältigen Schülers, und der Lehrer führte beim Vater mehrfach Beschwerde.

Da ihm die Schule nicht seine Erwartungen erfüllen konnte, lernte er um so eifriger zu Hause. Tag für Tag saß er über den Büchern seines Vaters, die zum Teil in holländischer Sprache geschrieben waren und zu deren Verständnis er sie sich zunächst noch mühsam mit Hilfe einer holländischen Fibel und einer ebensolchen Bibel übersetzen mußte. Besonders die Mathematik lag ihm am Herzen, und noch während seiner Schulzeit hatte er die „Fünfzehn Elemente des Euklid" in ihren Grundzügen verstanden, was seine außergewöhnliche Begabung erahnen läßt.

Doch sein Lehrer erkannte sie nicht, sondern schalt ihn wegen seiner Wißbegier sündhaft eitel. Auch sein Vater hatte wenig Verständnis für diese Art Beschäftigung seines Sohnes und war darauf bedacht, ihn für einen Beruf tauglich zu machen, der es erlaubte, sein täglich Brot in herkömmlicher Weise „auf ehrliche Art" zu verdienen. Aber alle eindringlichen Vorhaltungen konnten seinen Wissensdurst nicht unterdrücken, und als er sich gar noch „Wolfs Auszug aller mathematischen Wissenschaften" beschaffen konnte, erfuhren seine Kenntnisse auf diesem Gebiet weitgehende Vervollkommnung.

Nach der Schulentlassung mußte Momsen wie seine Brüder mit Spaten und Schubkarre am Seedeich arbeiten, um Geld zu verdienen. Trotz seiner schwächlichen Natur verrichtete er diese schwere

124

Hans Momsen

Fahretoft

Faksimile vom Umschlag des Buches „Hans Momsen" (Nr. 5 der Schriftenreihe des Kreisarchivs Nordfriesland), Husum 1982

körperliche Arbeit ohne Klagen. Selbst hier draußen, während seine Arbeitskameraden sich in den Ruhepausen dem Schlaf hingaben, nutzte er jede freie Stunde, um sich seinen Büchern zu widmen, die er stets bei sich führte. Auch am Abend gönnte er sich keine Ruhe und setzte seine Studien mit eiserner Energie fort.

Bei diesen Arbeiten am Deich sollte er noch eine schmerzliche Lebenserfahrung machen. Schon bald erkannte sein allzeit wacher Geist und sein Sinn für die Praxis manche Fehlleistungen, die dort verrichtet wurden. In seiner bescheidenen Art versuchte er, seinen Arbeitskollegen die Augen zu öffnen und sie für eine zweckmäßigere und sinnvollere Arbeitsweise zu gewinnen. Doch diese, wohl um vieles älter als er, zeigten sich seinen praktischen Vorschlägen nicht zugänglich und schalten ihn einen dummen und eingebildeten Jungen. Es betrübte ihn tief, wenn er mit ansehen mußte, wie die bejahrten Männer an der hergebrachten Methode festhielten und sich der Vernunft zum Hohn gegen alles Neue sperrten. Doch war er klug genug, künftighin seine Gedanken für sich zu behalten. Erst später als Deichvogt konnte er seine hier erworbenen Erfahrungen fruchtbringend durchsetzen.

Den Winter nutzte Momsen für weitere Studien und fand Gelegenheit, im Sommer 1753 im Alter von 18 Jahren in Dithmarschen sein Können unter Beweis zu stellen. Mit der ersten größeren Geldsumme, die er nach Hause brachte, schwand endlich der Widerstand seines Vaters, der ihn von nun an in allem gewähren ließ. Vom Vater übernahm er nachfolgend das Amt des Deichvogts und wirkte als solcher verantwortlich an der Eindeichung des Juliane-Marienkooges 1777 mit.

Im Jahre 1780, also mit 45 Jahren, heiratete Momsen Adelheid, die 25jährige Tochter von Johann Hinrich Breckling aus Fahretoft. Seine Braut wird als groß, hübsch und klug geschildert, und daß sie auch resolut sein konnte, bezeugt eine ergötzliche Überlieferung: Adelheid half in der Gastwirtschaft ihres Onkels auf der Maienswarft, als dort der Graf Schack aus Mögeltondern einkehrte und im Scherz versuchte, sich der hübschen Deern zu nähern. Ob dieser vermeintlichen Ungebührlichkeit wurde ihm eine schallende Ohrfeige zuteil, die ihm den überraschten Ausruf entlockte: „Au, die haut ja!"

Getreulich seinem Leitspruch: „*Louk ååst, louk weest, inne äs't beest!*" gestaltete Momsen sein Familienleben. Er galt als liebevoller Gatte und war seinen sieben Kindern ein guter Vater. Stets trug er nach damaliger Landessitte einen langen, grauen Friesrock, weite Frieshosen und auf dem Kopf eine blauwollene Zipfelmütze. Auf der Gabrielswarft hatte er sich im Garten vor seinem Hause eine Werkstatt eingerichtet mit allem, was er benötigte. Hier entstanden die gediegensten Instrumente, wie Meßkonsolen, Reißzeuge, Spiegeloktanten und Räderschneidemaschinen, um nur einige anzuführen. Auch baute er Fernrohre, Uhren mit Glockenspiel, Sonnenuhren und schließlich gar eine Orgel mit sechs Registern und einer Klaviatur von vier Oktaven. Dabei muß man sich vor Augen halten, daß er alles, auch das kleinste Teilchen, selbst schmiedete, drechselte, lötete, schnitzte und nötigenfalls sogar aus Metall goß. Diese vielseitigen handwerklichen und künstlerischen Fähigkeiten, gepaart mit Erfindersinn, erwecken allein schon höchste Bewunderung. Aber auch in den Geisteswissenschaften war Momsen zu Hause. Geographie, Geschichte und Anthropologie hatte er sich durch intensives Selbststudium zu eigen gemacht. Seine Lieblingsgebiete jedoch waren Astronomie, Trigonometrie, Mechanik, Optik, Hydraulik und schließlich noch die Navigationslehre. Um in diese Wissenschaften eindringen zu können, mußte er sich auch noch in die dänische, englische, französische und lateinische Sprache einarbeiten.

Bei der Vielfalt seiner Begabungen drängt sich unwillkürlich die Frage auf, was Momsen hätte leisten können, wenn ihm von Kind auf heutige Bildungsmöglichkeiten offengestanden hätten. Sicherlich hätte die Nachwelt ihm Außerordentliches zu danken gehabt. Momsen selbst bedauerte seinen mühsamen Weg des Selbststudiums nicht und pflegte zu sagen: „Nur das durch eigenes Nachdenken Erkannte ist wahres Eigentum des Geistes."

So wirkte er in dem selbstgewählten Kreis seiner engeren Heimat, immer darauf bedacht, seine Unabhängigkeit zu erhalten.

Diese schätzte er höher als gutbezahlte Anstellungen. Freiheit und Wahrheit waren ihm die heiligsten Güter. Hieraus ist auch sein ausgeprägter Sinn für Rechtlichkeit zu verstehen. Seinen Schülern von nah und fern war er ein gütiger und zugleich gestrenger Lehrer, dessen wohlbedachte Reden von seinem reichen Wissen zeugten. Oberflächliches Geplauder war ihm fremd, und man sagte, daß sein Wort wie ein Orakelspruch galt. Nach alten Aufzeichnungen war er seinem ganzen Wesen nach voll Ehrfurcht vor den Wundern der Schöpfung und voll tiefer Frömmigkeit, wenn auch nicht im kirchlichen Sinne. Obgleich er in seinen späteren Jahren nicht mehr die Kirche betrat, „so lauschte doch sein Ohr der Stimme seines Gewissens, des Gottes seines Inneren".

Nach langem Zögern erst folgte er einer Einladung nach Kopenhagen, wo ihm große Anerkennung und Ehrungen zuteil wurden. So still und bescheiden er lebte, so still war auch sein irdischer Abschied.

Hans Momsens außerordentlicher Fleiß, seine aufrechte Art, ja seine ganze Lebensführung sollten uns und unserer Jugend ein leuchtendes Vorbild sein. Wenn in Zukunft die neue Fahretofter Schule seinen Namen trägt, übernimmt sie damit die Verpflichtung, die Freiheit im Lernen und die Freiheit des Geistes zu bieten, die unserem Hans Momsen damals in seinen Schuljahren verwehrt wurden.

Mit Momme Simons auf Fischfang

Solange ich denken kann, und sicher noch viel länger, fischt Momme Simons mit seinen Reusen im Watt vor dem Außendeich Schollen, die wir „Bütt" nennen. Sich der Verschiebung der Gezeiten von täglich knapp einer Stunde anpassend, geht er nach zwei bis drei Fluten aufs trockengefallene Watt hinaus, um den Netzen den Fang zu entnehmen. Schon lange wollte ich gerne sehen, wie man Butte fängt, und so halte ich mich heute nicht ganz zufällig an der Abbruchkante in der Nähe seiner Abfahrtstelle auf. Momme erscheint mit seinem alten Fahrrad, das wie immer von seinem großen Hund Leo gezogen wird. Er trägt lange Lederstiefel, ich aber bin wie den ganzen Sommer hindurch barfüßig.

Aus einem kleinen Prieleinschnitt holt Momme seinen dort verborgenen hölzernen „Schlicktrog" hervor und spannt Leo nun vor dieses Gefährt. Der eigenhändig gebaute Trog hat nach vornehin etwas angehobene Bodenbretter, die ihm besonders gute Laufeigenschaften verleihen, wie wir Jungs von heimlichen Probefahrten her wissen. Er ist so geräumig, daß ein erwachsener Mann darin bequem ausgestreckt liegen kann, und dient sowohl dem Transport von Gerätschaften als auch zum „Anschleichen" bei der Jagd auf Wildenten im Wattengebiet.

Ich helfe Momme, die flachen Fischkisten und anderes Gerät in seinen „Schlickrutscher" zu tragen, und, wie erhofft, bietet er mir an, mit nach draußen zu kommen, sofern Leo meine Mitfahrt billigt. Schon mehrfach habe er allerdings seinen Dienst beharrlich verweigert, wenn sich ihm unliebsame Gäste in den Schlicktrog setzten.

Ich bekomme einen Platz zwischen den Fischkisten angewiesen, und Momme selbst kniet auf dem hinteren, sparsam gepolsterten Abschlußbrett. Nach einer Ermunterung zu Leo hin unterstützt er mit einem Fuß kräftig die Anfahrt, und wir gleiten auf das stille Watt hinaus. Leo hat meine Mitfahrt genehmigt!

Der tägliche Weg zu den Reusen hin zeichnet sich deutlich im Schlick ab und enthält eine dünne Wasserschicht, die unser Vorankommen erleichtert. Im zügigen Hundegalopp zieht Leo uns, immer der alten Spur folgend, ohne Mühe den Netzen entgegen.

Mommes Fanganlage mag über einen Kilometer weit draußen auf dem Watt stehen. Beim Näherkommen zähle ich elf Reusen – von uns „Hamen", auf friesisch *Hoome* genannt –, die mit ihren trichterförmigen Leitzäunen eine Gesamtbreite von mindestens 250 Schritt einnehmen. Sie bestehen aus etwa daumendicken Weidenzweigen, den „Sticken", die, dicht bei dicht nebeneinander in den Boden gesteckt, kniehohe Zäune ergeben. Sie beschreiben eine Zickzacklinie, die Trichter von 20 Schritt Breite und einer ebensolchen Tiefe bilden, an deren seewärts liegenden Spitzen jeweils die fangbereiten Hamen stehen. Die ganze Anlage ist so ausgerichtet, daß die stets dicht über dem Boden schwimmenden Schollen mit der ablaufenden Flut von den Zäunen eingefangen und in die Netze geleitet werden.

Ich bestaune die riesige, sinnreiche Einrichtung und schätze, daß es viele tausend Weidenstöcke sein müssen, die Momme im Winter mühsam aus Bäumen und Büschen geschnitten, zu Hause auf die richtige Länge gebracht, an einem Ende angespitzt und im Frühjahr hier nach seinen Plänen hineingesteckt hat. Wie ich dazu erfahre, sind die Sticken jedes Jahr erneut zu setzen, da sie im Winter vom Eis abgeschoben und weggeschwemmt werden.

Wir gehen von Hamen zu Hamen und schütteln mit einiger Mühe die gefangenen Fische in die mitgebrachten Eimer und von dort, in zwei Größen sortiert, in die Kisten. Es sind Schlickbutte, Schollen und einige wenige Scharpen, die hier eigentlich nur im Herbst gefangen werden. Alle gehören, wie Momme mir so nebenbei erklärt, zur großen Familie der Plattfische, weswegen ich sie auch nur schwer voneinander unterscheiden kann. Sie sind dunkelbraun mit grünlichen Flecken, an der Unterseite jedoch alle weiß. Normalerweise sind die Butte rechtsäugig, wobei die Augen sich auf der rechten Körperhälfte befinden. Doch gelegentlich gibt es auch linksäugige, und nach kurzem Suchen finde ich sogar zwei davon in unserer Kiste. Dagegen sind die Scharpen, die anderswo Flundern genannt werden, sowohl links- als auch rechtsäugig. Alle Plattfische schwimmen nach Mommes Worten im Kindesstadium aufrecht und verformen sich erst später zu ihrem flachen, eigentümlich schiefen Aussehen.

Mitgenommen werden alle Fische ab der Größe einer Männerhand; nur ganz wenige überschreiten den Umfang eines Eßtellers. In einem der Hamen finden wir neben einigen Butten einen mittelgroßen Rochen, der seiner sperrigen Körperform wegen nur den ersten „Inkoien", die vordere Kehle, passieren konnte. Momme ist über diesen Fang nicht sehr glücklich, weil wir ihn mühsam durch den Eingang zurückbefördern und uns auch noch vor seinen Stacheln in acht nehmen müssen. Eine zeitaufwendige Arbeit, die durch den Wert des Fisches nicht aufgewogen wird, da sein Fleisch nicht besonders geschätzt ist.

Die kleinen Fische, die das Mindestmaß nicht erreichen, werfen wir aufs Watt außerhalb der Fanganlage zurück, wo sie sich sofort einbuddeln und damit unsichtbar machen. Nach gründlicher Reinigung der Reusen von Seetang, Quallen und vor allem von den ungeliebten Strandkrabben richtet Momme sie für den nächsten Fang her: Er überprüft die Festigkeit der Haltestöcke und den richtigen Stand der viereckigen Netzeingänge, wobei es darauf ankommt, daß zwischen ihnen und den Leitzäunen der Anschluß gesichert ist, damit die Fische nicht am Hamen vorbeischwimmen.

Anschließend suchen wir noch in den Trichtern vor den Eingängen nach den Schollen, die die Hamen bei ablaufender Flut nicht mehr ganz erreicht haben. Man erkennt sie an ihren sich schwach im Schlick abzeichnenden Umrissen. Wir haben Erfolg und holen noch 10 bis 12 verwertbare Fische mit den Händen aus dem wässerigen Grund. Gelegentlich beteiligt sich auch Leo an dieser Buttsuche, wie Momme mir lächelnd und nicht ohne Stolz erzählt. Aber heute hat er wohl keine Lust, denn er liegt ausgestreckt im noch leeren Schlicktrog in der warmen Sonne.

Bevor wir uns auf den Heimweg machen, geht Momme mit einigen neuen Sticken unterm Arm an den Leitzäunen entlang, um entstandene Lücken zu schließen. Wie ich merke, ist er mit dem heutigen Fang von 30 bis 35 Pfund recht zufrieden. Bei einem Preis von 15 Pf pro Pfund für die kleinen und 20 Pf für die größeren Schollen erbringen sie einen guten Tagesverdienst, sobald er sie in Fahretoft und Waygaard abgesetzt haben wird. Nur selten gehen ihm so viele Fische ins Netz, und gelegentlich bemühen er und Leo sich auch ganz umsonst zu den Reusen hinaus. Der Fangerfolg, so Mommes langjährige Erfahrung, ist von der Richtung und Stärke des Windes, vom Mond, von der Flutzeit, der Tages- und Nachttemperatur und von anderen ihm unbekannten Umständen abhängig, so daß er nie im voraus abschätzen kann, was er in den Netzen vorfinden wird. Das sei zwar eine ständige Unsicherheit hinsichtlich seines Verdienstes, doch mache das auch den Reiz seines Berufes aus, da er täglich neu auf einen besonders guten oder gar bisher noch nie dagewesenen Fang hoffen dürfe. Dies gelte, wenn auch nicht so ausgeprägt, ebenso für das Fischen im Bottschlottersee, wo er gleichfalls mehrere Hamen stehen hat.

Wir bringen die beiden Kisten mit den Fischen zum Schlickrutscher, wecken Leo, spannen ihn an, und ich setze mich auf die Ladung. Wegen der nun größeren Belastung hilft Momme durch längeres Anschieben, uns in Fahrt zu bringen, springt hinten auf, und wieder zieht Leo uns willig in der alten Spur zur Abbruchkante zurück. Das Fahrrad wird beladen, der Schlicktrog gegen ein Wegtreiben abgesichert, und die beiden ziehen von dannen in Richtung Fahretoft. Auch mich verlangt es, nach Hause zu kommen, denn der Ausflug hat über zwei Stunden gedauert und mich hungrig gemacht. Am Abend werde ich meiner Familie von meinen Erlebnissen beim Schollenfang auf dem Watt ausführlich berichten.

Mommes Schlicktrog

Mein kleiner Butt

Zu Zeiten des Frühjahrs und des Herbstes kommt zweimal in der Woche Fischer Momme Simons zu uns, um seine Schollen anzubieten, die alle noch springlebendig sind, da er sie unmittelbar aus seinen Reusen von den Watten der Nordsee holt. Er befördert sie in flachen Kisten vorn und hinten auf seinem alten, rostigen, vom Salzwasser zerfressenen Fahrrad, das sein großer Hund Leo ziehen hilft.

Als er wieder einmal für Mutter sieben Pfund Butte für eine Mark mit dem *„Wänserne"* – der kleinen hochzuhaltenden Handwaage, an deren Stange eine Kugel hin- und herzuschieben ist – in großzügiger Weise abgewogen hat, liegt nur noch eine ganz kleine

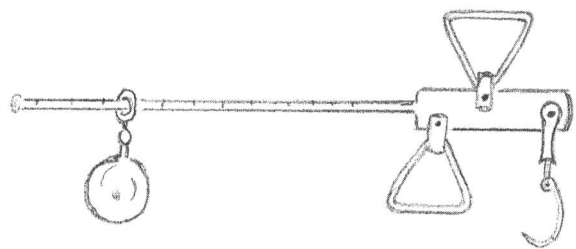

Handwaage – *Wänserne*

Scholle in der Kiste. Sicher ist sie aus Versehen unter die anderen geraten; denn sie hat kaum die Größe meiner Hand. An meiner teilnehmenden Betrachtung errät Momme wohl meine Gedanken, hebt sie am Schwanz hoch und schenkt sie mir.

Beglückt trage ich den kleinen Butt ins Haus und lege ihn in unsere große emaillierte, mit Wasser gefüllte Waschschüssel, wo er sogleich in seiner ihm eigenen Art herumschwimmt. Dann fällt mir ein, daß er ja Salzwasser gewohnt ist, und ich streue ein bißchen Salz hinein, gerade so viel, daß das Wasser genauso schmeckt wie beim Baden am Außendeich.

Als mein großer Bruder aus der Schule kommt, rät er mir, etwas

Erde und Sand in die Schüssel zu tun, weil Schollen sich erst darin so recht wohl fühlen. Und richtig: Geschickt mit Flossen und Schwanz den Sand hochwirbelnd, versteckt sie sich sogleich. Nur noch die hervorstehenden Augen verraten ihren Platz auf dem Schüsselgrund.

Nun denke ich über die Fütterung meines kleines Gastes nach und hole dünne Regenwürmer aus unserem Garten. Doch die mag oder kennt er anscheinend nicht. Auch Fliegen verschiedener Art und Mücken rührt er nicht an. Unbeweglich liegt er Stunde um Stunde und schließlich Tag um Tag auf dem Grund im Sand der Schüssel und wartet wohl darauf, daß kleine „Porren" (Krabben) oder Krebse vorbeigeschwommen kommen.

Am dritten Tag seines Fastens – die Mitgefangenen sind längst gebraten und mit großem Appetit von uns verzehrt – sorge ich mich ernstlich um seine Gesundheit. Doch keiner kann mir sagen, womit man Butte füttert, weil offensichtlich niemand je solch einen Fisch zu seinem Vergnügen in Gefangenschaft hielt. Alle Befragten machen ein ungläubiges Gesicht, wenn sie hören, was ich da in der Schüssel hüte. Nachbar Hannes rät mir gar, ihn unserer Katze zu überlassen, die in der Tat deutliches Interesse an meinem Schützling zeigt und sich verdächtig oft in dessen Nähe aufhält. Aber das kommt nicht in Frage!

Schließlich sehe ich keine Möglichkeit, meinen Butt weiterhin zu behalten, zumal auch die Familie nicht länger auf ihre große Waschschüssel verzichten will. So bleibt mir keine andere Wahl, als ihn wieder in die Nordsee zurückzubringen. Bis dorthin ist es zwar mehr als eine halbe Wegstunde zu Fuß, doch ihn hier in einem unserer Gräben mit Süßwasser auszusetzen, würde seinen sicheren Tod bedeuten.

Ich fische meinen stummen Gast unter dem Sand hervor und lege ihn für den Transport in ein von Mutter geliehenes Weckglas. Er erscheint mir fast noch kleiner als vor drei Tagen und schwimmt – nun ohne den schützenden Sand – unruhig herum, während ich mich auf den Weg mache. Bald ist die Kirche und damit das Ende der scharfkörnigen Schotterstraße – der „lütjen Chaussee" – erreicht, und nun geht es mit meinen bloßen Füßen auf dem im Sommer schön geglätteten, sonnenwarmen Kleiweg zügig voran.

Als ich den Außendeich erstiegen habe, gilt mein erster Blick der Flut. Doch von ihr ist nichts zu erkennen. Es ist Ebbe, und die schier unendlich erscheinenden Watten werden nur von den wenigen einsam liegenden Halligen unterbrochen. Aber das stört mein Vorhaben nicht, denn ich kenne auf dem weiten, von blühenden Grasnelken rosaschimmernden Vorland genügend Priele, in denen auch zur Ebbezeit ausreichend Wasser steht, um ein Überleben meines Butts zu sichern. Bei der nächsten Flut, während der sich die Priele für kurze Zeit neu füllen, wird er dann mit ablaufendem Wasser aufs Watt hinausschwimmen und in seine vertraute Umgebung zurückkehren.

Bald finde ich einen solchen Priel, lege mich an der Kante auf den Bauch und tauche mein offenes Weckglas tief ins Wasser, so daß der Weg in die Freiheit eröffnet ist. Ohne sich zu besinnen, entschwindet mein Schützling zielstrebig in seine langentbehrte Schlickwelt. Von der bedrückenden Verantwortung befreit, überspringe ich hier und da vergnügt den Priel und mache mich pfeifend auf den weiten Heimweg.

Übers Watt zur Hallig Oland

Ich sitze auf dem Außendeich westlich von Lüttjenswarft und warte auf Momme Simons, der mich übers Watt zur Hallig Oland – *Uuloun* – mitnehmen will. Um 10 Uhr würde er von hier aus losgehen, hatte er zu Mutter gesagt, als sie ihn um diese Gefälligkeit bat; aber sicher ist es jetzt erst kurz nach 9 Uhr.

Das Wetter ist wieder schön, nachdem es eine Woche lang geregnet hat. Oland scheint heute ungewöhnlich nahe und hoch über dem Wasser zu liegen. Siegfried Geyer, unser Schafhirte, meint, wenn die Halligen „in der Luft schweben", gibt es bald noch mehr Regen. Aber so genau stimmen seine Wetterregeln nicht, wie auch die Voraussage „Obendrod mokt dat Wedder good, Morgenrod gifft Woter in de Sood" längst nicht immer zutrifft, wie Fidi und ich schon mehrfach herausfanden. So will ich mir meiner Tage auf Oland wegen keine Sorgen machen.

Von Übel wäre Regen auch für unser Heu, das in der Süderfenne gerade in Schwaden liegt und auf Sonne wartet. Gleich nach meiner Rückkehr wollen wir „schwälen", wenn es bis dahin durchgetrocknet ist, und es in Diemen setzen.

Heute hätte ich eigentlich unserem Nachbarn Drees Juler, der von Beruf Rademacher ist und nur der schlechten Zeit wegen auch Mäharbeiten annimmt, als „Vonstreicher" helfen sollen. Doch mein Ferienbesuch bei Onkel Sönke und Tante Grete war schon vorher festgelegt. Drees Juler ist der beste Mäher weit und breit, weil er stark ist, mit der Sense einen Riesenbogen schlägt und somit mächtig schafft.

Im vorigen Jahr habe ich bei ihm in der Bäckerfenne drei Tage lang mit meinem großen Holzrechen das abgemähte Gras „vongestrichen", wofür neben Mittagessen und Abendbrot ein Lohn von 1 Mark am Tag üblich ist. Ich gehe gern mit ihm zum Mähen, weil er nett ist und seine freundliche Frau Lene ein gutes Essen auf den Tisch bringt. Nur mit dem Bezahlen haperte es diesmal. Drees hatte mir versichert, sobald er vom Bäcker sein Geld bekäme, erhielte auch ich meine drei Mark.

Als ich von dieser Zusage meiner Familie beim Abendbrot erzählte, meinte Mutter lächelnd, wenn Drees das wörtlich nähme, ginge ich wohl leer aus, denn sein Lohn sei sicher schon in Form von Broten im letzten Winter abgeholt worden. So ähnlich erginge es ja auch uns gelegentlich mit Vaters Verdienst. Das wäre aber ein großes Pech für mich, wollte ich mir doch eine neue schwarze Turnhose kaufen, weil die alte vom vielen Baden ausgeblichen war.

Fast hatte ich schon um meinen ausstehenden Lohn vergessen, als Drees mich nach Wochen zu sich ins Haus rief und mir zu meiner großen Überraschung 2,50 Mark auszahlte. Auch die restlichen

50 Pf würde ich noch kriegen, versprach er mir. Die stehen zwar noch aus, aber das macht auch nichts, denn die Turnhose kostete nur 2,30 Mark.

Momme ist noch immer nicht zu sehen, obgleich ich seinen Weg bis hin zur Kirchwarft beobachten kann. Ich blicke auf die See hinaus, wo von rechts der weiße Strand der Insel Föhr herüberleuchtet. Etwas weiter links liegt Oland, das heute mein Ziel ist. Bis dorthin scheint das Wasser vollständig abgelaufen zu sein, und nur das braune Watt trennt mich noch von dieser Hallig. Hinter ihr erkenne ich schemenhaft die Warften von Hallig Langeneß, die mir von meinen Besuchen bei Großvater Thomas und Mutter Bine bekannt sind. Dorthin segelten wir im vorigen Jahr von Bongsiel aus mit dem Postboot von Wirk Matthiesen.

Für diese Reise trugen mein Bruder und ich Matrosenanzüge und kreisrunde Strohhüte mit einem Seidenband rundherum. Mein Band war wegen meiner weißblonden Haare rot und Fidis blau, weil das zu seinem rotblonden Schopf besser paßt, wie Mutter sagt. Ohnehin sind die roten Haare für ihn ein Kümmernis, und er wird sehr wütend, wenn einer Rotfuchs zu ihm sagt. Oben in der Mitte seines Hutes fehlte ein Stück Strohgeflecht, und aus diesem runden Loch lugte ein Büschel Haare hervor, woran der Schiffer im Vorbeigehen leicht zupfte. Das beleidigte Fidi so schwer, daß er die ganze Fahrt über finster guckte und kein Wort sprach.

Heute verschwimmen die anderen Halligen im Dunst. Auch die luftigen „Wetterkatzen", die jetzt schon in flinken Wellenlinien übers Watt laufen und die Tageshitze ankündigen, verschleiern die Sicht. An klaren Tagen hingegen sieht man von hier aus auch die Inseln Amrum, Nordstrand und sogar Pellworm mit dem „Seeräuberturm".

Mir fällt ein, daß Großvater und ich einmal draußen am Watt auf der Abbruchkante saßen und er mir die Namen der einzelnen Halligen und Inseln nannte. Mit ein wenig Stolz bemerkte er, daß es nur zehn Halligen auf der ganzen Welt gäbe, die ausgerechnet hier vor unserer Küste lägen. Außerdem erläuterte er mir den Unterschied zwischen Inseln und Halligen: Inseln seien entweder von

Natur aus oder durch Eindeichungen vor Überflutungen geschützt. Halligen dagegen würden regelmäßig bei Stürmen aus West überspült, was dann als „Landunter" bezeichnet werde. In solchen Zeiten ragten dann nur noch die Warften mit ihren Häusern aus den Wasserfluten hervor.

Noch zu keiner Hallig bin ich bisher zu Fuß gelangt, und Oland ist völlig neu für mich. Auch Tante Grete sah ich nur einmal kurz bei der Beerdigung von *Ååln*, meiner Urgroßmutter, auf Jannenswarft. Sie trug damals die vornehme Friesentracht mit dem wertvollen Silberschmuck und wirkte dadurch sehr fremd auf mich. Onkel Sönke, der jüngere Bruder meiner Mutter, besucht uns öfter in Fahretoft, wenn sein Halligboot im Hafen von Bongsiel liegt und er auf die nächste Flut oder auf eine Fracht wartet. Bei einer solchen Gelegenheit hat er mich beiläufig eingeladen.

Wie es bei uns heißt, sind Tante Grete und besonders ihre Eltern Peter-Nikloi und Tante Anne sehr fromm, aber auch in gleicher Weise nett. Deshalb wies Mutter vorsorglich darauf hin, daß bei ihnen keinesfalls meine gelegentlichen Kraftausdrücke angebracht seien, die sie natürlich auch zu Hause nicht zu hören wünsche. Meine „Dammis", „Verflixt nochmol" und ähnliche Worte zeugten von schlechter Erziehung, und Tante Grete wäre sicherlich entsetzt. „Un wie is dat, wenn ick segg ‚So'n Schiet'?" wollte ich wissen. Mutter überlegte einen Augenblick und meinte dann, das ginge wohl gerade noch, weil „Schiet" ja eigentlich nur Kleierde und bei den Maurern Mörtel bedeute. Aber besser wäre es schon, wenn ich mir alle diese Redensarten für immer abgewöhnte.

Über die Bedeutung dieser Wörter hatte ich noch nie nachgedacht. Doch dann fiel mir ein, daß „Schiet" auch Kot bedeuten kann wie „Kohschiet, Höhner- un Schopschiet". Das war Mutter wohl entgangen, aber nachträglich sie darauf hinweisen wollte ich nun auch nicht. Eigentlich dürfte sich auf Oland ohnehin kein Anlaß zum Schimpfen ergeben, da ich mir dort wohl kaum mit einem Hammer auf den Daumen schlagen oder mir das Knie aufschürfen würde. Außerdem erinnerte sie mich daran, mich an jedem Morgen richtig zu waschen, also auch Ohren und Hals, und abends vor dem

Zubettgehen die Füße nicht zu vergessen! Währenddessen bohrte sie mir mit einer lappenumwickelten Haarnadel in den entlegensten Windungen meiner Ohren herum, was ganz schön weh tat.

Nun sehe ich Momme eilig herankommen. Er trägt eine Teekiste auf der Schulter, so groß, daß ich wohl darin Platz fände. Ohne anzuhalten, strebt er an mir vorbei zum nahen Watt. *„Ick bän en läit lää aw e Wäi. Bai Peter-Rickert säit en Kü oun'e Sluut, än deer hääw ick jarst iessen heelpe moost.“* (Ich bin ein bißchen spät auf dem Weg. Bei Peter-Rickert saß eine Kuh im Graben, und da habe ich erst mal helfen müssen.)

An der Abbruchkante angekommen, zieht er seine Schuhe und Strümpfe aus, wirft sie in die Kiste und krempelt seine Hosen hoch. Ich bin sowieso barfuß, und meine Hosen enden oberhalb der Knie. Außerdem trage ich nur noch Hemd und Jacke und bin ganz ohne Gepäck. Doch hat Mutter mir 20 Pf mitgegeben, für die ich meinen beiden kleinen Kusinen, den Zwillingen Edith und Annemarie, etwas Süßes kaufen soll.

Bei den ersten 200–300 Schritten sinken wir bis zu den Waden im weichen Schlick ein, und die Gefahr besteht, sich an scharfkantigen Muschelschalen zu schneiden. Dadurch können schlimme, schlechtheilende Wunden entstehen, wie ich aus leidvoller Erfahrung weiß. Wir aber erreichen den festeren Boden ohne Schaden. Nun erst nimmt Momme mit seinen langen, dünnen Beinen sein gewohntes Marschtempo auf, und ich habe einige Mühe, den eintretenden Rückstand immer wieder im Laufschritt aufzuholen.

Nachdem wir zunächst parallel zum alten, weitgehend zerstörten Steindamm in Richtung Oland gegangen sind, holen wir nach rechts aus. Wir können den Priel, der etwa auf der Hälfte der Strecke unseren Weg kreuzt, nur an bestimmten seichten Stellen überqueren, die jedoch weiter nördlich liegen. Da wir zu spät losgekommen sind, könnte der Gezeitenwechsel bereits erfolgt und die Flut schon wieder im Steigen begriffen sein. Somit ist es für uns heute besonders wichtig, den seichtesten Übergang zu finden.

Ich bewundere Momme, der trotz der sichtlich schweren, mit Zucker, Mehl, Reis und anderen Waren gefüllten Kiste auf der Schulter, kräftig ausschreitet. Da seine Frau Tiede Mommens* seit kurzem in Fahretoft einen kleinen Gemischtwarenladen betreibt, lassen sich die Halligbewohner gelegentlich auf diese Weise beliefern, zumal Momme mit fast allen Oländern verwandt ist.

Wir laufen seit geraumer Zeit auf dem Sandwatt, das fest wie eine Tenne ist und uns das Gehen erleichtert. Ich gucke zurück zur Lüttjenswarft, die immer kleiner wird. Dagegen bleibt unser Ziel in weiter Ferne, wie mir scheint. Momme hat zu Beginn unserer Wanderung gemeint, von der Festlandkante bis zur Halligwarft dürften es gute sieben Kilometer sein, die wir in zwei Stunden schaffen müßten.

Was ihm offensichtlich zunehmend Sorgen bereitet, ist unsere Verspätung, die die Überwindung des Priels in Frage stellen könnte. Immer wieder rückt er die Kiste während des Gehens zur Seite, hält mit hochgerecktem Kopf nach dem Wasserlauf Ausschau und erhöht unser Marschtempo noch ein wenig. Ich bin froh, daß ich nichts zu tragen habe. Momme zieht bei unverminderter Eile seine Taschenuhr, prüft die Zeit und blickt wieder angestrengt nach vorne. Dann ändert er unsere Richtung nach links, und wir stehen unversehens vor dem lange erwarteten Priel!

Er dürfte hier 50 Schritt breit sein. Die Strömung zieht kräftig nach Norden, also ist die Zeit der Hohlebbe, wie befürchtet, bereits überschritten. Wortlos bedeutet mir Momme, am Rand zu warten, während er sogleich mit seiner Kiste vorsichtig in das zunächst seichte, dann aber schnell tiefer werdende Wasser steigt. In der Mitte reicht ihm der eilig fließende Strom fast bis zur Hüfte,

---

* In der dörflichen Umgangssprache wurde bis in die jüngste Vergangenheit nicht der amtliche, seit dem Ende des 18. Jahrhunderts festgewordene Familienname auf -sen gebraucht, sondern der Vorname des Vaters bzw. des Ehemannes mit der Genitivendung -s oder (wenn der Vorname auf -e ausging) -ns. So wurde unser Momme Christiansen nach seinem Vater Simon Christiansen *Momme Simons* und seine Frau Tiede (eig. Christine) nach ihrem Mann *Tiede Mommens* genannt. Vgl. Nils Århammar: Namen in Nordfriesland. Zu den nordfriesischen Orts- und Personennamen (Nordfriesisches Jahrbuch 1995, S. 119–146, bes. 131 ff.; Sonderveröffentlichung in Vorbereitung).

und seine Gestalt scheint im Priel zu versinken. Nur die Kiste schwankt unwirklich über dem strömenden Wasser.

Auch wenn es drüben offensichtlich wieder flacher wird, werde ich mich darin wohl kaum halten können, und so sehe ich Mommes weiterer Entscheidung mit einiger Sorge entgegen. Er setzt seine Kiste auf einem sicheren Platz, einer Miesmuschelbank, ab und kommt unverzüglich zurück. Die Flut steigt zusehends und umspült jetzt meine Füße, die soeben noch auf dem Trockenen standen. *„Nü krip man gau ap aw man Reeg än huul de goud fååst, denn nü gungt et tu Wåers!"* (Nun kriech' man schnell rauf auf meinen Rücken und halt' dich gut fest, denn jetzt geht es ins Wasser!)

Mit seiner neuen Last schwenkt er ein Stück nach links, und ich habe den Eindruck, daß es hier nicht ganz so tief ist. Dennoch schleifen meine herabhängenden Füße durchs Wasser. Langsam, den Boden abtastend, nähern wir uns der Mitte des Priels, und ich fühle Angst in mir hochkriechen. Sollte Momme jetzt das Gleichgewicht verlieren und stürzen, würde ich als Nichtschwimmer davontreiben und untergehen, und ich fürchte, daß auch Momme nicht schwimmen kann.

Die Beförderung auf dem schwankenden Rücken meines Wegführers dauert länger als erwartet; doch schließlich geht es leicht bergan, und das Wasser weicht unter mir zurück. Schon werde ich am seichten Rand abgesetzt und habe wieder festen Boden unter den Füßen. *„Dat gäng je noch hellisch goud mä öös bie-e"* (Das ging ja noch bannig gut mit uns beiden), höre ich Mommes Stimme. Dennoch bemerke ich, daß diese Prielüberquerung ihn viel Kraft gekostet hat, und es tut mir leid, daß er so große Mühe mit mir hatte.

Auf den trockenen Muscheln verweilen wir einen Augenblick. Seinen nassen Hosenbeinen schenkt Momme keine Beachtung. Er zieht seine Tabaksdose aus der Tasche und prüft den Inhalt: *„De Prüntje äs tumänst drüch blärwen."* (Der Priemen ist wenigstens trocken geblieben.) Eine gehörige Portion von diesem schwarzen Gemisch aus bereits gerauchtem, aber ausgesiebtem Pfeifentabak, stopft er sich in eine Backentasche. Sie beult sich stark aus und erinnert mich an meine Zahnschmerzen im vorigen Jahr. Dann deutet er auf den weiter angestiegenen Priel und meint, daß wir ihn jetzt nicht mehr hätten durchwaten können und somit zur Umkehr gezwungen gewesen wären. Da haben wir aber wirklich Glück gehabt!

Ich blicke zur Küste zurück und muß an Onkel Lude von Jannenswarft denken, der sich während einer Wattenjagd auf Wildenten plötzlich von der auflaufenden Flut umgeben und vom Festland abgeschnitten sah. In seiner Verzweiflung entlud er sein Gewehr, packte es an der Laufmündung und erreichte, sich auf dem Kolben im mehr als hüfttiefen, reißenden Priel abstützend, mit letzter Kraft das rettende jenseitige Ufer. Sein neues, wertvolles Gewehr nahm durch diese nicht vorgesehene Verwendung im salzigen Nordseewasser zwar schweren Schaden, dennoch war Onkel Lude glücklich, der Flut entronnen zu sein; und er schwor sich, nie wieder auf Wattenjagd zu gehen.

Momme genießt sichtlich seinen „Prüntje", schultert seine Kiste und spuckt von Zeit zu Zeit in gekonntem Bogen eine schwarze Ladung zur Seite weg. Ohne Eile setzen wir unseren Weg fort, der nun über eine nicht endenwollende grüne Seegraswiese führt. Die schmalen, langen Blätter liegen flach auf dem Boden und bilden für unsere nackten Füße eine teppichartige Unterlage. *„Dat Gjars äs goud for dä Butteåie än uk for dä Gäis oun 'e Harwst."* (Das Gras ist gut für die ‚Butteier' und auch für die Wildgänse im Herbst.) Ja, der graue und grüne Schollenlaich liegt überall in den kleinen Pfützen zwischen dem Seegras, und Momme denkt als Gelegenheitsjäger natürlich an künftige fette Wildgänse.

Um nicht in die Schlickzone östlich von Oland zu geraten, halten wir uns südlich und nutzen weiterhin für unser Vorwärtskommen die angenehmen Seegrasflächen. Einige Nebelschwaden ziehen rechts an uns vorbei und verdecken ab und zu die Sicht auf die Hallig. Als wir plötzlich selbst mitten im Nebel stecken, bemerkt Momme beruhigend, daß er hier genau Bescheid wisse.

Das allerdings glaubte auch der auf Hallig Gröde aufgewachsene, weithin als tüchtiger Jäger bekannte Neuton Nommensen, als er im Herbst wieder einmal abends mit der Laterne auf Wildentenjagd ging. Auch bei ihm kam Nebel auf, er verfehlte den Rückweg und lief, ohne es zu ahnen, in die entgegengesetzte Richtung. Nach Stunden der Angst im dichtverhangenen, unheimlichen Watt traf er nur dank einem glücklichen Zufall gegen Morgen kurz vor der bereits einsetzenden Flut auf rettendes Land.

Hallig Gröde um 1920

Wie sich herausstellte, war er auf das Festland vor Lüttjenswarft in Fahretoft gestoßen, über 12 Kilometer von seiner Heimathallig entfernt! Da er dort inzwischen als ertrunken gelten mußte, lief er ohne Rast sogleich auf dem Außendeich zurück in Richtung Süden. Der Nebel lichtete sich, und die nächste Ebbe setzte ein. Auf der gewöhnlichen Verbindung zwischen Gröde und dem Festland, die hinter Tudenswarft ihren Ausgang nimmt, eilte er wieder ins Watt hinaus und folgte dem Appellandsteert bis nach Gröde. Mit seinem Auftauchen nach über 15 Stunden konnte Neuton bei den Seinen die tiefe Trauer in übergroße Freude verwandeln.

Auch der Lehrling von Nordstrandischmoor, der in Husum das Bäckerhandwerk erlernte, glaubte die Tücken des Watts zu kennen. Wie immer am Wochenende brach er vom Festland zum Besuch seiner Eltern auf, als unvermutet einsetzender Nebel ihm zum Verhängnis wurde. Am nächsten Tag fand man bei Ebbe mehrere seiner Fußspuren, die sich bis auf wenige Schritte der Halligkante genähert, sich dann aber in weitem Bogen wieder entfernt und ihn schließlich in den nassen Tod geführt hatten.

Zu Momme sage ich natürlich nichts von meinen Gedanken, zumal Oland auch gerade wieder aus dem Nebel auftaucht. Wir sind der Süderkante mit dem zu dieser Ebbezeit trockenliegenden Hallighafen nun schon ganz nahe. Onkel Sönkes Schiff „Grete", das er nach seiner Frau benannt hat, fehlt dort auf dem Schlick. Also ist er mit ihm unterwegs und daher nicht zu Hause. Das ist dumm, weil ich nun auf mir fast unbekannte Menschen treffen werde.

Mit einiger Mühe ersteigen wir die hohe Halligkante und nähern uns der einzigen Warft. „*Oun dat Hüss deer gans ruchts, deer booge dan Sänke-Oom än Grete-Mädder*" (In dem Haus dort ganz rechts, da wohnen dein Onkel Sönke und Tante Grete), deutet Momme kurz nach Osten, und schon entschwindet er mit seiner Kiste nach links in Richtung der kleinen Halligkirche.

Ferientage auf der Hallig

Nun bin ich also auf der Hallig Oland, deren Anblick mir vom heimischen Deich aus als ferner Umriß draußen im Wattenmeer so vertraut ist und deren Besuch ich mir lange gewünscht habe. Doch so plötzlich alleingelassen in der fremden Umgebung, bedaure ich schon fast, diese Reise unternommen zu haben. Da der Tag meiner Ankunft hier kaum bekannt sein kann, bin ich unsicher, wie man mich aufnehmen wird. Ich verharre unschlüssig, wobei mir einfällt, daß ich vergessen habe, mich bei Momme für seine Mühe zu bedanken.

Hallig Oland (Ostansicht) um 1925

Von See her liegt das mir bezeichnete kleine Reetdachhaus versteckt hinter einem Garten mit niedrigen, windbeschnittenen Bäumen. Ich gehe auf dem Warfthang um das Grundstück herum und finde an der Seite die quergeteilte Stalltür, deren „Boverdör" offensteht. Zögernd trete ich ein. Der winzig kleine Stall für zwei Kühe und ein Schwein ist der Jahreszeit entsprechend leer und hier auffallend sauber geschrubbt. Nach dem Viehaustrieb reinigen und kalken wir unseren Stall zwar auch, übrigens eine ganz scheußliche Arbeit, doch hier blinkt alles wie in einer Küche. Also treffe ich schon jetzt auf die vielgerühmte Sauberkeit der Tante Grete, von der ich in meiner Familie so häufig gehört habe.

Kein Laut ist zu vernehmen. Ich klopfe an die nach innen führende Tür. Alles ist still. Ich öffne und befinde mich in der Waschküche, wo eine Zentrifuge steht, deren Zubehör auf dem Tisch zum Trocknen ausgebreitet ist. Wiederum klopfe ich – umsonst – und trete zögernd in die Küche. Aber nun tut sich eine Tür auf, Tante Grete tritt herein, stutzt und erkennt in mir den Jungen Max von ihrer Schwägerin Magda aus Fahretoft.

Sie ist groß und schlank und viel jünger, als ich sie in Erinnerung habe. Ob die dunkle Friesentracht sie damals älter erscheinen ließ? Hinter ihr gucken zwei weißblonde, rotbackige Mädchen von fünf oder sechs Jahren um die Ecke: meine beiden Kusinen. Ich soll mich setzen, und Tante Grete vermutet richtig, daß ich Hunger habe, denn es ist schon über die Mittagszeit hinaus. Während ich die Grüße von zu Hause ausrichte und von unserer Durchquerung des hochaufgelaufenen Priels erzähle, wird mir ein leckeres Essen aufgetischt.

Als ich satt bin, geht Tante Grete mit mir in die Schusterstube, wo ich ihre Eltern, Onkel Peter-Nikloi und Tante Anne, kennenlerne. Sie sprechen untereinander friesisch, aber mit den Kindern, Onkel Sönke und mir plattdeutsch. Beide sind schon sehr alt, aber noch rüstig. Peter-Nikloi hat weithin einen guten Ruf als Fachmann für die Anfertigung von absolut wasserdichten Langschäftern für Schiffer und Fischer. Solche Stiefel arbeitet er und bringt sie persönlich auf die Nachbarhalligen.

146

Meine beiden rotbackigen Kusinen

Gerade heute ist er nach Ablieferung von zwei Paaren von Langeneß zurückgekommen.

Meine beiden Kusinen sind mir gegenüber ungewöhnlich scheu. Schließlich zeigen sie mir auf Drängen von Tante Grete hin ihre Spielecke unter den niedrigen, verkrüppelten Apfel- und Fliederbeerbäumen, die hier geschützt im Windschatten eines hohen Holzzaunes wachsen. Wie ich gleich erkenne, ist er aus angeschwemmtem Strandholz zusammengezimmert. Neben einem kleinen Gartenhaus steht eine Bank, auf der zwei hübsch gekleidete Puppen mit etwas dümmlichen Gesichtern sitzen. Jede meiner beiden schweigsamen Begleiterinnen nimmt die ihre auf den Arm, und ich erfahre, daß sie Gyde und Selma heißen.

Dann aber fällt mein Blick auf einen Sandkasten, wo viele „Muscheltiere" liegen, die größer, schöner und auch sauberer als unsere zu Hause sind. Wie ich zu meiner Freude höre, haben die Muscheln hier genau die gleiche Bedeutung wie bei uns: Miesmuscheln sind Kühe, Herzmuscheln Schafe und Wellhornschnecken sind auch hier Pferde. Ich ziehe Gräben im Sand und forme drei Fennen für uns, die ich mit verschiedenen Tieren bestücke und dann auf uns verteile.

Ich zeige, wie man bewegliche Hecktore baut und wie man Kühe kalben lassen kann: Man legt eine kleine Muschel unter sie und zieht das Muttertier langsam nach vorne, wobei das Kalb dann hinten zum Vorschein kommt. Ebenso kann man auch mit Schafen, Schweinen und Pferden verfahren.

Meine Kusinen sehen meinem Treiben stumm zu. Als ich richtig zu spielen beginne, das Vieh fachkundig hin- und hertreibe, den beiden schließlich meine beste Kuh zu einem wirklich günstigen Preis anbiete und ihnen meine Hand zum Einschlag hinhalte, gucken sie sich verständnislos an. Sind sie zum Handeln noch zu klein, oder liegt es daran, daß sie Mädchen sind? Ich gebe auf! Immerhin wollen die beiden mir die Stelle zeigen, wo ich am Strand solche schönen Muschelschalen finden kann, die ich mit nach Hause nehmen möchte.

Mit der Abendflut kommt Onkel Sönke in seinem Schiff zurück. Schon von weitem hört man das „Bott-Bott-Bott" seiner „Grete". Das alte flachgehende Halligsegelboot ohne Kiel, mit weißer Kante und geteertem Unterschiff, hat seit 1925 einen 4 PS Carlson-Glühkopfmotor. Dieser Einzylinder muß vor dem Ankurbeln mit einer laut zischenden Lötlampe am „Kopf" zum Glühen gebracht werden. Das ist zwar etwas umständlich und sieht gefährlich aus, aber Onkel Sönke ist sehr stolz auf seinen ersten Motor, der ihn weitgehend vom Wind unabhängig macht.

Onkel Sönke und Tante Grete auf Oland

Kummer bereitet ihm dagegen, wie ich mehrfach hörte, der neue Damm, der von Dagebüll her über Oland nach Langeneß gebaut werden soll und ihn praktisch von Wyk auf Föhr abschneiden wird. Für ihn als Frachtschiffer bedeutet das den Verlust zahlreicher Aufträge, weil der dann notwendige weite, nicht ganz ungefährliche Umweg um Langeneß keinen Lohn mehr verspricht.

Heute hat Onkel Sönke Lämmer nach Husum geliefert und auf der Rückfahrt eine Ladung Ziegelsteine, Bauholz und Dachreet mitgebracht, die noch am Abend gelöscht werden soll. Vorher aber essen wir alle zusammen in der Küche Abendbrot, wozu Tante Anne das Gebet spricht. Beim Entladen des Schiffes kann ich tüchtig mithelfen. Als wir in der Abenddämmerung zurückkehren, ist in der guten Stube auf dem Sofa für mich ein Bett hergerichtet, in das ich todmüde hineinfalle.

Am nächsten Tag will Onkel Sönke hinausfahren zum „Doggen“, und ich darf mit. Bei dieser Art des Angelns fängt man Scharpen, besonders wohlschmeckende Schollen, ohne den sonst üblichen Haken. Wir gehen mit einer Grabforke aufs nahe Watt hinaus und holen unter den kleinen geringelten Kothäufchen die warzigen Sandwürmer hervor, die als Köder dienen sollen.

Mit seinem kleinsten Boot, das er vom Heck aus durch „Wricken“ – das geschickte Hin- und Herbewegen eines Riemens – vorwärtstreibt, fahren wir zu einem unweit liegenden flachen Priel, wo wir ankern. Wir ziehen die Sandwürmer mit einer großen Stopfnadel der Länge nach auf drei Bindfäden, jeweils sechs bis acht Tiere hintereinander. Die so bestückten Schnüre verknotet Onkel Sönke zu einem Knäuel, aus dem mehrere Wurmschlingen als leckere Köder herabhängen. Ein Bleilot sorgt dafür, daß die Würmer im Wasser schweben und somit nicht von den am Boden allgegenwärtigen Strandkrabben abgefressen werden. Damit sind unsere Angeln, zwei für ihn und eine für mich, fertig.

Onkel Sönke läßt am Heck zu jeder Seite eine Angel ins Wasser gleiten, und meine lasse ich vorne vom Bug aus hinabsinken. Es ist ruhiges, sonniges Wetter, und unser Boot dümpelt gemütlich vor sich hin. Wir warten geduldig darauf, daß die Scharpen sich an unseren Würmern festbeißen. Manchmal hofft man umsonst, ein andermal hängen gleich mehrere Fische am Wurmknäuel, die man dann je nach Glück und Geschick aus dem Wasser ziehen kann.

Mit seinem kleinsten Boot fahren wir hinaus zum „Doggen".

Onkel Sönke erzählt gerade aus Olands alten Halligzeiten, als er den ersten „Biß" an seiner Angel spürt. Er zieht das Wurmknäuel sachte näher an die Wasseroberfläche und hebt mit geübtem Schwung den ersten Fisch über die Bordkante ins Boot. Noch in der Luft läßt die Scharpe von dem Köder ab, aber zu spät, denn schon zappelt sie auf dem Boden zwischen den Spanten, wo immer etwas Wasser steht.

Bis zum nächsten Fang dauert es nicht lange, es folgt Biß auf Biß. Onkel Sönke arbeitet mit wechselndem Ergebnis. Auch bei mir zuckt es an der Leine, aber ich schaffe es nicht, die Schollen über die Kante zu hieven. Immer fallen sie kurz zuvor ins Wasser zurück. Das ist ungeheuer aufregend, und der Schweiß rinnt mir von der Stirn. Auch Onkel Sönke entwischen hin und wieder einige; dennoch vermehrt sich seine Beute zusehends. Endlich gelingt mir der erste Fang und bald auch der zweite. Danach aber warten wir vergeblich. Vielleicht ist der Wasserstand zu hoch geworden, so fahren wir ein Stück weiter den Priel hinauf in flacheres Gewässer. Aber umsonst. Immerhin bringen wir Tante Grete eine gute Mahlzeit dieser besonders schmackhaften, weißfleischigen Fische mit, die wir morgen sicherlich zum Mittagessen bekommen werden.

Gegen Abend gehe ich mit Tante Grete zum Melken ihrer beiden Kühe. Anschließend geben wir die Milch in die Zentrifuge, in der die Sahne abgeschieden wird. Die so entrahmte Milch bringen wir zum Kalb, das am Warfthang angepflockt – „in Tüder", *oun*

Tjödder – steht. Am anderen Morgen ist Tante Gretes wöchentlicher „Buttertag". Das sehr saubere Butterfaß – *'e Scharn* – wird in der Waschküche aufgestellt und zur Hälfte mit Rahm gefüllt. Es folgt der Stempel mit der Lochscheibe, bevor die berandete Abdeckung das Faß von oben abdichtet. Schließlich darf das handbreite Hornrohr, das sicher von einer Kuh stammt, nicht vergessen werden. Es wird über den Stempelstock – *'e Scharnestook* – hinabgelassen, streift den beim Auf und Nieder ausgehobenen Rahm ab und führt ihn ins Faß zurück.

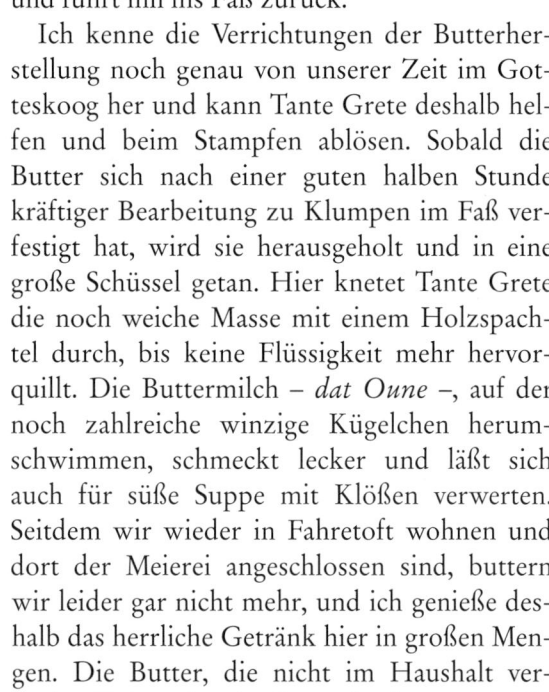

Ich kenne die Verrichtungen der Butterherstellung noch genau von unserer Zeit im Gotteskoog her und kann Tante Grete deshalb helfen und beim Stampfen ablösen. Sobald die Butter sich nach einer guten halben Stunde kräftiger Bearbeitung zu Klumpen im Faß verfestigt hat, wird sie herausgeholt und in eine große Schüssel getan. Hier knetet Tante Grete die noch weiche Masse mit einem Holzspachtel durch, bis keine Flüssigkeit mehr hervorquillt. Die Buttermilch – *dat Oune* –, auf der noch zahlreiche winzige Kügelchen herumschwimmen, schmeckt lecker und läßt sich auch für süße Suppe mit Klößen verwerten. Seitdem wir wieder in Fahretoft wohnen und dort der Meierei angeschlossen sind, buttern wir leider gar nicht mehr, und ich genieße deshalb das herrliche Getränk hier in großen Mengen. Die Butter, die nicht im Haushalt verbraucht wird, findet in Wyk auf Föhr ihre Abnehmer, wo die Badegäste den unverkennbaren Geschmack des echten Halligerzeugnisses zu schätzen wissen und gut bezahlen.

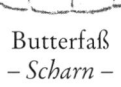

Butterfaß
– *Scharn* –

Wie ich hier erfahre, beginnt auf den Halligen mit dem Johannistag, dem 24. Juni, alljährlich die Heuernte. Damit im Falle einer Sturmflut nicht die gesamte Ernte wegtreiben kann, werden immer nur kleinere Flächen zur Zeit gemäht und bearbeitet, bevor das nächste Stück in Angriff genommen wird. Das Schneiden des kurzen, harten, aber sehr nahrhaften Grases erfordert viel Kraft und Erfahrung und wird daher von den Männern übernommen. Morgens erklingt von überall her das melodische Streichen der Sensen – „de Lee'n, *dä Laie* –, das in kurzen Abständen zur Schärfung notwendig ist. Und am Abend sitzen die Männer am Südhang der Warft, haben den Dengelspieß – *dat Håerspatt* – in den Boden getrieben und dengeln die Sensenschneide, indem sie den Stahl mit einem besonders harten Hammer behutsam ausdünnen.

Fünf solcher Bündel beförderte Tante
Grete nach Hause.

Die weitere Bearbeitung des Grases ist hier jedoch fast nur Frauensache, während die Männer, wie auch Onkel Sönke, lohnträchtigeren Beschäftigungen nachgehen.

Auf Oland gibt es, was mir jetzt erst auffällt, keine Pferde, weswegen sogar der Heutransport von Menschen bewerkstelligt werden muß. Nachdem ich Tante Grete beim „Schwälen" auf ihrer für meine Begriffe sehr kleinen „Meede"-Fläche helfen konnte, soll der Ertrag nun auch gleich nach Hause gebracht werden. Sie breitet für diesen Zweck ein mit Schlaufen versehenes starkes Leinentuch in der Größe eines Bettlakens aus, auf das wir ein bestimmtes Quantum des so gut riechenden Heues türmen. Die vier Ecken werden oben über Kreuz verknüpft, und mit einigen raschen Handgriffen befördert sich Tante Grete das Riesenbündel auf den Kopf. Ich staune über ihre dabei bewiesene Kraft und bewundere ihre stolze Haltung, mit der sie dem Haus zustrebt.

Sie muß meine Überraschung bemerkt haben; denn als sie mit dem leeren Laken unter dem Arm zurückkehrt, erzählt sie lachend, daß sie, wie alle Halligfrauen, das Heutragen auf diese Art schon als junges Mädchen gelernt habe und es seither alle Jahre verrichte. Fünf dieser Bündel schafft sie heim, während ich zwischendurch die Reste des Heues zusammenharke. Dabei gewahre ich, daß auf dem weiten Halligrund auch andere Frauen in gleicher Weise ihr Heu heimwärtstragen.

Am Abend fragt mich Tante Grete, ob ich morgen, am Sonntag, mit in die Kirche gehen möchte; für passende Schuhe und Strümpfe würde sie sorgen. Nun erst fällt mir ein, daß ich ja barfüßig angekommen bin und mit den nackten Beinen wohl nicht zum Gottesdienst darf. Ich stimme gerne zu.

Beim morgendlichen Aufstehen entdecke ich ein Paar sehr blankgeputzte Schuhe und weiße Kniestrümpfe vor meiner Schlafstatt. Ich ziehe sie vorsichtig an, und sie passen. Nach dem Frühstück machen wir uns allesamt auf den Weg zur Kirche: Tante Grete mit den beiden Mädchen, ihre Eltern und ich. Onkel Sönke dagegen hat unaufschiebbare Arbeiten auf seinem Schiff zu erledigen und muß zum Hafen hinunter. Wir gehen zunächst durch einen schmalen Gang und dann links am Mittelfething entlang, der seit dem Regen der letzten Woche wieder schön angefüllt ist, so daß vorläufig kein Mangel an Trinkwasser für das Vieh eintreten wird. Eine Sorge weniger, wie Tante Grete sagt, da in regenarmen

Jahren Süßwasser vom Festland mit Schiffen herangeschafft werden muß, was viel Arbeit und Geld kostet.

Großmutter erzählte einmal, daß in ihrer Kindheit um 1860 auf unseren Warften auch noch mehrere Fethinge aus Fahretofts Halligdasein vorhanden waren. Die großen Warften, wie Gabriels-, Volts- und Maienswarft, hatten sogar zwei dieser Sammelbecken für Regenwasser. Aber seit der Eindeichung von 1686 wurden sie nicht mehr benötigt und deswegen nach und nach mit Erde zugeschüttet. Nur in Süderwaygaard und in Dagebüll auf der Peters- und Nommenswarft seien ihres Wissens noch die alten Fethinge erhalten geblieben.

Die Kirche auf Hallig Oland um 1920

Auf den verwinkelten Fußwegen der Warft begegnen uns weitere Kirchgänger, die wir alle mit „Moin" begrüßen. Die Frauen tragen lange, schwarze Kleider, aber keine Friesentracht, wie Tante Grete eine besitzt. Die Männer mit blauer Schiffermütze, schwarzseidenem Vorblatt am Hals, mit Weste und blanker Uhrkette rauchen ihre Pfeifen. Die Unterhaltung in friesisch und plattdeutsch dreht sich hauptsächlich um das Wetter. Daß ich vorgestern mit Momme Simons aus Fahretoft gekommen und ein Sohn von Magda bin, der Tochter von Thomas Petersen auf Langeneß, hat sich längst herumgesprochen. Ich werde nach dem Ergehen meiner Mutter gefragt und soll ihr Grüße ausrichten.

Wir nähern uns der reetgedeckten Kirche, die man als solche nur an den größeren Fenstern erkennen kann, als die Glocke zu läuten beginnt. Diese ist viel kleiner als unsere in Fahretoft, hängt tief in einem offenen, spitzüberdachten Holzgestell und wird durch einfaches Ziehen an einem Tau bedient. Anders als bei uns schlägt die Glocke hier am Alltag um acht Uhr morgens und um vier Uhr nachmittags; an Sonntagen dagegen um acht, neun und um zehn Uhr.

Durch eine niedrige Tür betreten wir die Kirche, deren Innenraum mir geradezu winzig erscheint. Doch die Bilder und vor allem das Segelschiff, das in der Mitte von der Decke herabhängt und viele Kanonen an Bord hat, erregen meine Aufmerksamkeit. Wie ich es kenne, sitzen die Frauen vorne zum Altar hin und hinten, von ihnen getrennt, die Männer. Ich aber habe meinen Platz mit meinen Kusinen zusammen zwischen Tante Grete und Tante Anne. Wie in Fahretoft besitzt die Kirche ein Taufbecken – dieses hier ist aus Stein und sieht sehr, sehr alt aus –, doch werden die Kinder auch auf Oland im Elternhaus getauft.

Die Kanzel thront seltsamerweise hinter dem Altar an der Stirnwand des Raumes und hat im übrigen viel Ähnlichkeit mit der unsrigen. Ein Altarbild, das in Fahretoft viele geschnitzte Menschen mit Lanzen und sogar Pferde zeigt, suche ich hier vergebens. Auch eine Orgel sehe ich nicht. Doch dann erklingt Musik, und ich gewahre hinter einer Holzverkleidung ein Harmonium. In Erstaunen versetzt mich, daß das Instrument von einem Mädchen mit blonden Zöpfen gespielt wird, das wohl gar noch zur Schule geht. Bei uns kann und darf nur Küster Nissen die Orgel bedienen. Wie Tante Grete mir zuflüstert, heißt das

Mädchen Käthe Nommensen, ist im vorigen Jahr konfirmiert worden und seitdem hier Organistin.*

Nach einem schönen Vorspiel singen wir den Eingangschoral; der Pastor tritt vor den Altar, und der Gottesdienst nimmt seinen mir bekannten Verlauf. Nur die Predigt erscheint mir nicht ganz so lang wie bei Pastor Ahrens. Außer für Oland ist Pastor Rothermund für Hallig Gröde zuständig. Alle 14 Tage fährt Onkel Sönke ihn deshalb mit seinem Schiff während einer günstigen Flutzeit hinüber, wartet dort und bringt ihn wieder zurück. Herrscht jedoch Sturm, was im Winter häufig vorkommt, muß die Fahrt ausfallen, und dann haben die Oländer auch an diesem Sonntag Gelegenheit zum Kirchgang.

Nach dem Gottesdienst stehen „wir Männer" noch längere Zeit vor der Kirchentür, während die Frauen die Grabstellen ihrer verstorbenen Angehörigen aufsuchen. Die Gräber sind je nach Lage ihrer Häuser auf die Süd- oder Nordseite der Kirche verteilt. Tante Gretes Schwester Maria, die vor einigen Jahren mit ihrer Freundin siebzehnjährig beim Krabbenfischen ertrank, liegt auf der Nordseite.

Vor mir sehe ich den Oländer Eduard Paulsen, der trotz seiner fast erblindeten Augen mit seinem Ewer immer noch Frachtfahrten zwischen den Halligen unternimmt. Es wird erzählt, er kenne das hiesige Fahrwasser so genau, daß er seinen jeweiligen Standort notfalls mit der Klootstange auf dem Wattboden ertasten könne und dadurch stets seine Ziele erreiche. Ich muß ihn sehr bewundern.

Am Nachmittag gehe ich alleine auf den verschlungenen Fußwegen über die Halligwarft. Sie ist wohl noch größer als unsere Gabrielswarft in Fahretoft, und schon dort staunen wir, wie es die Leute damals vor vielen hundert Jahren fertigbrachten, mit Körben und „Böhren" einen so hohen, umfangreichen Erdhügel aufzuschütten. Onkel Sönke erzählte mir beim Doggen, daß die Hallig

---

* Dieses Amt versieht Käthe Nommensen, verh. Petersen, noch in ihrem hohen Alter, und ihr wurde in letzter Zeit wiederholt Aufmerksamkeit als ältester Organistin Deutschlands zuteil.

Oland in alter Zeit erheblich größer war und mehrere Warften besaß. Durch die immerwährenden Strömungen und verheerenden Stürme seien das Land und mit ihm die Warften von Westen her Stück um Stück zerstört worden, bis schließlich nur noch der heutige Rest übrigblieb. Und auch dieser kleine Rest wäre längst ein Raub der Nordsee geworden, wenn nicht der Staat kurz vor der Jahrhundertwende begonnen hätte, die am meisten gefährdeten Abbruchkanten im Westen und Süden mit einem starken Steinschutz versehen zu lassen. Seitdem wurden auch noch weitere Halligen mit solchen Böschungen ausgestattet und damit in ihren verbliebenen Beständen gesichert.

Oland umfaßt rund 120 ha Land, und mit der Kirche zähle ich 15 Häuser, in denen 50 Menschen wohnen. Fünf Kinder aus den neun Jahrgängen besuchen die Schule, die in einem Raum des Pastorats untergebracht ist. Sie ist damit noch kleiner als unsere damalige im Gotteskoog, in die immerhin 19 Kinder gingen. Als Lehrerin unterrichtet hier die Frau des Pastors Rothermund, die außerdem über das Leben auf der Hallig Romane schreibt, an denen meine Mutter großes Gefallen findet.

Schon gestern habe ich die hohe Steinböschung zu beiden Seiten des Hafens mir genau angeschaut. Die klobigen, mit Schuten herangeschafften Felsbrocken sind so steil verlegt, daß es mir schwer wurde, mit meinen bloßen Füßen die mehr als drei Meter hohe Böschung vom Watt her zu erklimmen.

Während der Flutzeiten schlagen die Wellen mit aller Wucht gegen diese Befestigung, als wollten sie auch die restliche Hallig noch verschlingen. Wenn schon jetzt im Sommer eine solche Brandung an der Steinkante steht, wie mag es hier dann erst in den Herbst- und Wintermonaten zugehen, wenn die Hallig überspült wird? Im Jahresablauf ist 40 bis 50mal mit Landunter zu rechnen, und alle paar Jahre treiben Stürme das Wasser bis vor oder gar in die Häuser. Zu gerne würde ich hier mal eine richtige Sturmflut miterleben. Es muß ja nicht gerade eine sein, die mit Lebensgefahr verbunden ist…

Meine Heimreise

Heute nun heißt es Abschied nehmen. Onkel Sönke soll mit seinem Schiff nach Bongsiel, so daß ich mitfahren und dann von dort aus nach Hause laufen kann. Fünf Tage war ich auf Oland, in denen meine anfängliche Scheu vor den mir fremden Verwandten sich schnell als unbegründet erwies. Sogar meine beiden Kusinen wurden allmählich zutraulicher und schenkten mir zum Abschied einige ihrer schönsten Muscheltiere. Da es auf Oland keinen Kaufmann gibt, war ich froh, daß ich in der Gastwirtschaft Paulsen für meine 20 Pf noch zwei Tüten „Studentenfutter" für die Mädchen bekam. Tante Grete und ihre Eltern waren immer sehr nett zu mir – aber ich habe auch in der ganzen Zeit nicht einmal ein schlimmes Wort gesagt!

Wir legen nachmittags bei auflaufender Flut im Hafen ab. Außer mir fährt noch ein Berliner Ehepaar mit, das bei Pastor Rothermund zu Besuch war. Onkel Sönke erklärt ihnen während der Fahrt die Strömungsverhältnisse zwischen den Halligen und die Bedeutung der „Pricken", der Seezeichen aus schlanken Birkenstämmen. Jedes Jahr im Frühling müßten sie vom Seeamt neu gesetzt werden, weil die als Fahrstraßen dienenden Priele sich laufend verlagerten. Der Gezeitenhub zwischen Ebbe und Flut betrage hier im Durchschnitt drei Meter, und bei Sturmfluten aus West könne das Wasser auch schon mal bis zu fünf Meter ansteigen.

Wir nähern uns dem Festland, und Onkel Sönke zeigt nach rechts hinüber, wo sich Kräne und Loren bewegen. Dort werde, so höre ich, gerade ein neuer Deich gebaut, der einen künftigen Koog mit tausend Hektar bestem Bauernland bringe. Und das Besondere daran sei, daß die Eindeichung nicht vom Staat, sondern von einem Nordfriesen mit Namen Sönke Nissen finanziert werde, der aus Klockries bei Niebüll stamme. Als junger Mann sei er nach Südwestafrika gegangen, habe dort als Ingenieur Eisenbahnlinien gebaut und dabei Diamantenfelder entdeckt, die ihn als reichen Mann zurückkehren ließen.

Da wir das auflaufende Wasser nutzen, schaffen wir die Strecke bis Bongsiel fast in einer Stunde. Kurz vor der Landung begegnen wir dem Postboot, das unter Segel zu den Halligen ausläuft. Im Hafen, der eigentlich nur eine Schleusenanlage ist mit zwei Deichdurchlässen für die Entwässerung der Lecker- und Soholmerau, sind wir heute das einzige Schiff. Nach der Verabschiedung der Berliner nimmt Onkel Sönke mich mit hinüber zur Gastwirtschaft Bongsiel, die vom weithin bekannten Wirt Lauritz Thamsen betrieben wird. Sein Sohn Marius erteilt uns als Wanderlehrer zweimal wöchentlich in der Fahretofter Schule Friesischunterricht. Lauritz macht gleich einige Witze, die ich nicht verstehe, die aber die Erwachsenen zum Lachen bringen. An den Wänden der Gaststube hängen viele Bilder, die, wie Onkel Sönke sagt, von bekannten Kunstmalern stammen und sehr wertvoll sein sollen.

Nachdem ich meine Brause ausgetrunken habe, verabschiede ich mich und gehe zurück zum Hafen, von dem aus mein Weg auf dem Außendeich entlang nach Hause führt. Dabei überquere ich die beiden unterirdischen Schleusentunnel, die zum Wattenmeer hin selbsttätig arbeitende Tore besitzen, welche das Süßwasser aus dem Kanal zwar hinaus, aber kein Salzwasser hereinlassen, weil die ansteigende Flut die Torflügel zudrückt.

Gelegentlich werden durch diese Tunnel auch kleine Boote geschleust, was in der kurzen Zeit des Wassergleichstandes von Kanal und Nordsee geschehen muß und nicht ganz ungefährlich ist. Ich entsinne mich, daß Großvater mir einmal von dieser Schleuse da unten eine aufregende Geschichte erzählte: Ein Ockholmer Fischer wollte vor Zeiten im späten Herbst noch schnell sein Boot von außen in den Kanal bringen. Er wartete den Gleichstand des Wassers ab, legte sich, wie schon mehrfach erprobt, der Länge nach mit dem Rücken auf die Querbänke seines Bootes und schob sich, mit den Händen an den Wänden und der oberen Holzabdeckung entlanggreifend, in Richtung Kanal. Während der mehr als 30 Meter langen Strecke schlossen sich, wie ihm schien,

160

früher als sonst mit dem gewohnten Donner die Tore an der See-seite, womit ihn vorzeitig völlige Dunkelheit umfing. Nur die noch weit entfernte Tunnelöffnung zum Ausgang hin zeigte ein schwaches Licht.

Kurz darauf merkte er, wie sich das Wasser ungewöhnlich schnell aufstaute und sein Boot dichter und dichter an die Decke drückte. Die tödliche Gefahr jäh erkennend, hier eingeklemmt zu werden, versuchte er mit aller Kraft, ihr durch schnelleres Schieben zu entgehen. Aber der Bewegungsraum über ihm wurde enger und enger und dadurch sein Vorwärtskommen immer schwieriger. Schließlich erreichte er, wenn auch völlig erschöpft, das Ende des Tunnels, und das Licht versprach Rettung. Doch im letzten Moment verklemmte sich sein Gefährt vollends. Mit dem Kopf zwar draußen liegend, fühlte er, wie das weiter anschwellende Wasser ihn gegen die Tunneloberkante drückte und ihm die Luft aus der Lunge preßte.

Auf sein gequältes Rufen hin kamen Männer herbeigerannt und versuchten, mit Klootstangen von oben und von der Seite her das Boot die letzten wenigen Meter herauszuziehen. Doch vergeblich. Der Fischer verlor die Besinnung, und die zu Hilfe geeilten Männer verzagten und gaben schließlich zögernd ihre Bemühungen auf. Bedrückt sahen sie auf den Verunglückten hin-unter, und einer nach dem anderen nahm ergeben seine Mütze vom Kopf.

In diesem Augenblick ergriff ein junger Bursche, fast noch ein Kind, eine der Klootstangen und stieß mit Wucht von oben auf die Bodenbretter des Kahnes. Ein dicker Wasserstrahl schoß empor, und während das Boot zu sinken begann, zogen es die sprachlos erstaunten Männer ohne Schwierigkeiten vollends aus dem Tun-nel. Der Fischer erholte sich bald, und noch lange bewegte der ret-tende Einfall des jungen Menschen die Herzen der friesischen Kü-stenbewohner.

Ganz wohl ist mir nicht, so allein unterwegs zu sein. Doch sehe ich immerhin schon das hohe rote Dach unserer Kirche herüberleuchten, und die Häusergruppe davor muß die Tudenswarft sein. Ich laufe ein ganzes Stück auf dem hohen Außendeich entlang und gehe dann links zum Sommerdeich hinunter, um meinen Weg abzukürzen.

Dieser niedrige Deich ist in Großmutters Kinderzeit um 1850 gebaut worden, um die mäßigen Sommersturmfluten von den dahinterliegenden 100 ha Weideland abzuhalten. In den anderen Jahreszeiten dagegen wird er des öfteren überspült, und wenn dann dort noch Jungvieh oder Schafe grasen, muß ihre Bergung äußerst schnell vonstatten gehen, weil der kleine Koog innerhalb kürzester Zeit vollläuft. In solchen Fällen werden die Tiere landeinwärts auf den rettenden hohen Außendeich getrieben, der aber zum Teil erst nach der Überquerung mehrerer Fennen zu erreichen ist.

Da diese Notfälle immer bei Sturm und Regen und häufig zur Nachtzeit eintreten, ist der Aufsichtsmann August Feddersen weitgehend auf die Mithilfe seiner Tudenswarfter Nachbarn angewiesen, für deren nächtliche Ausrüstung er früher stets über eine Anzahl Sturmlaternen verfügte, neuerdings aber die praktischeren Taschenlampen bereithält. Überdies mit Klootstöcken ausgerüstet, bleibt es dennoch eine mühevolle Arbeit, die oft störrischen Tiere rechtzeitig in Sicherheit zu bringen. Dank Feddersens Umsicht aber und seiner langjährigen Erfahrungen mit Wind und Wetter ist bislang noch kein einziges Stück Vieh bei den zahlreichen Wassereinbrüchen in seinem Aufsichtsbereich umgekommen.

Die Oländer sind der Überzeugung, daß sie das Vollaufen des Sommerkooges am Absinken ihres Wasserstandes auf der Hallig wahrnehmen können, es ihnen also eine zumindest vorübergehende Entlastung bei Sturmfluten bringt. Vater dagegen bezweifelt diese angebliche Fernwirkung bis nach Oland hin und glaubt, daß die Halligleute sich mit dieser Annahme täuschen.

Vor Rickertswarft führt der kleine Deich auf unseren Außendeich zurück, und ich fühle mich hier schon wieder ganz heimisch. Auf dem kurzen Kleiweg laufe ich zur Warft, wo mich der schmale Fußsteig aufnimmt, der zwischen den Häusern hindurchführt und eine Zaunübersteigung erfordert. Meine Sorge gilt nun dem Hund vom alten Lehrer Petersen, der sehr bissig sein soll und vor dem wir Kinder alle Angst haben. Er ist zwar immer am Haus angebunden, aber wir trauen dem vielfach zusammengeknoteten Strick keine große Haltbarkeit zu, weil das Tier, mit aller Kraft daran ziehend, bellend hochsteigt, sobald sich jemand nähert.

So bemühe ich mich, die „Gefahrenstrecke" möglichst geräuschlos zu überwinden, wobei meine Barfüßigkeit mir sehr zustatten kommt, und habe Erfolg. Kein wütend-heiseres Gebell schlägt mir diesmal entgegen. Nun benutze ich den alten Klinkersteig, der, von sechs Stegen zur Grabenüberquerung unterbrochen, zu unserer Gabrielswarft führt.

Meine erste Ferienreise voll neuer Erlebnisse ist damit zu Ende; doch ich finde, zu Hause mit Treu, der mir freudig entgegenspringt, mit meinen Eltern und Geschwistern ist es immer noch am schönsten!

Unser Wintervorrat

Nachdem wir im Sommer Vorräte an Heu und Stroh für unser Vieh eingefahren hatten, wurde im Herbst die Bevorratung mit Kohlen und Kartoffeln für unsere Familie fällig. Im September kam unser Kartoffellieferant, ein Bauer aus Sterdebüll, zu uns und nahm die Wünsche entgegen. Für unsere siebenköpfige Familie bestellte Mutter 12 Zentner Kartoffeln, wovon zwei Zentner für jeden Erwachsenen und uns größere Kinder und die halbe Menge für die beiden kleinen Geschwister vorgesehen waren. Des weiteren wurden noch zwei Zentner Möhren – wir sagten „rode Woddeln", *rude Wurtle* – gebraucht.

Die Lieferung erfolgte nach einigen Wochen mit dem von zwei Pferden gezogenen Fuhrwerk des Bauern. Mit den beiden hochbepackten Wagen waren die rund 15 km im Schrittempo kaum in vier

Stunden zu bewältigen. Vater half mit, die Kartoffeln in unseren flachen Keller unterhalb der Speisekammer zu schütten, während die Möhren zunächst im Stall ihren Platz fanden.

Diesen galt unsere ganze Aufmerksamkeit, hieß es doch jetzt, die größten und dicksten – Kaiser und Könige – herauszufinden und sie nach oberflächlicher Säuberung sogleich mit großem Verlangen zu verzehren. Obwohl Mutter uns riet, des besseren Geschmacks wegen kleinere Exemplare zu bevorzugen, blieben diejenigen in Bierflaschengröße über Tage unsere Hauptnahrung, wobei wir auch unsere Freunde großzügig mitversorgten.

Steinkohlen, Koks und Briketts brachte alle Jahre Peter-Lude aus Dagebüll-Kirche mit schweren Fuhrwerken und starken Pferden über Blocksberg heran. Wenngleich wir fleißig „Schulen" – trockenen Schafskot – vom Außendeich geholt hatten, konnte Mutter auf Kohle für die Beheizung der Stubenöfen nicht verzichten. Zum Essenkochen verwendete sie jedoch Hobelspäne aus Vaters Werkstatt, Strandholz vom Außendeich und eben die Schulen, wodurch auch gleich unsere Küche mollig warm wurde.

Mit diesem Vorrat an Kohlen, Kartoffeln sowie an Fleisch und Speck eines geschlachteten Schweines konnten die Eltern dem Winter mit einiger Gelassenheit entgegensehen.

Nachbarschaftsbesuche im Winter

Im Winterhalbjahr werden seit alters her unter den Nachbarn abendliche Zusammenkünfte abgehalten. Unsere Nachbarschaft umfaßt sieben Familien, von denen Sibbens und Ebens unten im Bottschlotterkoog wohnen. Die gegenseitigen Besuche beginnen zwischen Weihnachten und Neujahr, nennen sich „Schuulwen"* und ziehen sich in loser Folge zeitlich bis in den März hinein. Auch wir Kinder werden von dieser Sitte berührt, denn sind die Eltern weggegangen, vergnügen wir uns mit den Nachbarskindern bei Gesellschaftsspielen.

Sind als Gastgeber wir an der Reihe, werde ich zum Einladen geschickt: „Ick schall gröten vun Mudder un Vadder un frogen, ob Tante Anne un Onkel Peter so gut sien wulln, Friedagobend bi uns to Besöök to komen." Ist dieser von Mutter vorgegebene Vers gut zu Ende gebracht, gibt es immer einen Kuchen, einen Bonbon oder auch einen kleinen Brocken Kandiszucker.

Zu Hause beginnt bald danach das Backen. Wir holen vom nahen Bäcker riesige Backbleche, die mit verschieden geformten Plätzchen belegt und wieder zurückgebracht werden. Mutter füllt mehrere Schichttorten und garniert sie mit viel Phantasie, wobei sich mein Zugucken meistens lohnt. Auch die Stuben werden für die Aufnahme der zu erwartenden 14 bis 16 Personen vorbereitet. Vater hängt die breite Verbindungstür aus, damit die Gäste sich von einem Raum zum anderen sehen und unterhalten können. Eine Frau oder ein junges Mädchen wird zum Aufwarten, „Oppassen", bestellt, damit Mutter sich mehr um die Gäste kümmern kann.

Wenn die Nachbarn erscheinen, nimmt die umständliche Begrüßung in der Vordiele, das Abnehmen der schweren Mäntel und das Auspusten der Laternen eine ganze Weile in Anspruch. Während die winterlichen Veranstaltungen der Feuerwehr und des Wohltätigkeitsvereins mit Bedacht immer in die hellen Mondpha-

---

* „Schuulwen" ist ein von Haus aus friesisches Wort, das eine recht interessante Geschichte hat. Wie von zwei schwedischen Sprachforschern herausgefunden, geht es auf den in altfriesischen Rechtstexten vorkommenden Ausdruck *skalvere* zurück, der einen Menschen bezeichnet, der sich uneingeladen bei Gastmahlen einfindet, um sich an Speise und Trank gütlich zu tun. Die ursprüngliche Bedeutung des Wortes ist jedoch „gefräßiger Mensch", denn es handelt sich bei *skalvere* um den bildlichen Gebrauch des für seinen unmäßigen Appetit bekannten Seevogels „Scharbe", heute gewöhnlich „Kormoran" genannt. Das Wort ist offenbar mit der bereits übertragenen Bedeutung von den im 11. Jahrhundert aus dem Emsmündungsgebiet eingewanderten Festlandsnordfriesen mitgebracht worden. Diesen Schluß legt auch der helgoländische Name des Vogels, *Skuáárwer*, nahe, der die ältere („urfriesische") Form mit -*r*- bewahrt hat. – Ä.

sen gelegt werden, ist solche Rücksichtnahme bei den kurzen Wegen der Nachbarschaftsbesuche entbehrlich.

Schließlich sind alle eingetroffen und haben Platz genommen; der Kaffee wird reihum eingeschenkt, und die erste Schichttorte, die Mutter am besten geglückt ist, wird dem nächstsitzenden Gast übergeben. Er schneidet sich ein Stück nach Belieben heraus und reicht sie nach rechts an den Tischnachbarn zur eigenen Bedienung weiter. Sogleich folgen die nächsten Torten, und wiederum schneidet jeder Besucher nach seinem Geschmack ein Stück ab. Dann nahen die Sandkuchen und das Kleingebäck, und so kreisen nacheinander alle Sorten – Mutter beschränkt sich im allgemeinen auf sieben – um die Tische herum, bis alle Gäste ihrem Wunsch entsprechend den Teller mit Kuchen angehäuft haben. Nach einem „Guten Appetit" der Gastgeberin beginnt nun das Schmausen. Der Kaffee wird laufend nachgeschenkt, Torten und Kuchenplatten kreisen bald von neuem von Hand zu Hand um den Tisch, und es entspinnen sich lebhafte Gespräche.

Wird kein Gebäck mehr abgenommen und ist der Kaffeedurst gestillt, wird abgeräumt. Einige Nachbarinnen setzen sich mit Mutter zu gemütlicher Unterhaltung und zum Austausch von Neuigkeiten zusammen; andere suchen Partner zum Kartenspiel, wie Schafskopf, Doppelkopf oder Sechsundsechzig. Schon hört man unverkennbare Fachausdrücke von den Tischen her, und blauer Pfeifenrauch steigt zur Decke hinan.

Nachdem wir Kinder uns in der Küche an den süßen Resten gütlich getan haben, dürfen wir uns unter die Gäste mischen. Ich gehe zu Vater, der mit Peter Schmitt, Jens Bäcker und Heie Sibbens Sechsundsechzig spielt, und hüte seine Kasse. Sie besteht aus einem Stapel Pfennigen sowie einigen Groschen- und Fünfpfennigstücken. Mir obliegt nun das Einnehmen und Auszahlen je nach dem Ergebnis der einzelnen Spiele. Von meinen früheren Kassentätigkeiten her weiß ich, daß Vaters Geldstapel meistens kleiner und kleiner werden, und ich habe sogar schon aus Mutters Geldtasse im Küchenschrank Nachschub holen müssen. Nur einmal gewann Vater 55 Pf, die er mir restlos „für die gute Kassenführung" schenkte.

So nehme ich auch heute wieder an dem Spielgeschehen regen Anteil, und die Zeit vergeht mir viel zu schnell. Die Männer bekommen zwischendurch zwei bis drei Hausmannspünsche gereicht – halb Tee und halb „Geele Köm" mit etwas Zucker – und die Frauen Saft oder selbstgemachten Likör. Gegen elf Uhr zeigt Mutter unauffällig mit dem Finger nach oben, womit sie uns bedeutet, daß wir ins Bett müssen. Das ist schade, denn nun werden die Gäste gerade lustiger. Der Besuch geht im allgemeinen um ein Uhr nach Hause, und bis zum nächsten Jahr haben wir dann nur noch gelegentlich Gäste in kleinerem Rahmen zu erwarten.

Alte Nordfriesen in der „Dörnsch" beim Kartenspiel

Während Mutter das „Schuulwen" als eine angenehme Abwechslung im kalten Winterhalbjahr empfindet, sind diese Abende für Vater häufig eine unangenehme Pflicht. Besonders in kleinen, alten Häusern mit niedrigen Decken und engen Stuben überfallen ihn bei der übermäßigen Wärme und verräucherten Luft Beklemmungsgefühle. Eigentlich bliebe er oft lieber zu Hause, doch Mutter überredet ihn mitzukommen und verspricht ihm, dafür zu sorgen, daß er einen „luftigen" Platz in der Nähe der Tür erhält. So kann er draußen ab und zu frische Luft „schnappen", ohne eine Reihe anderer Gäste um Durchlaß bitten zu müssen.

Bei der Aussicht auf leckere Kuchen können wir Kinder Vaters Bedenken nur schwer verstehen und würden gern an seiner Stelle „schuulwen" gehen.

Gang mit „Hedewäken" auf die Warften

Während ich gestern am Holländerdeich für unseren Bäcker Hedewäken in die Häuser brachte, ziehe ich am heutigen Sonntagmorgen mit meinem Schlitten zur Kirchwarft hinauf. Da es sehr kalt und windig ist, lasse ich Treu zu Hause, damit er nicht beim Warten vor den Häusern frieren muß.

Mein erster Besuch gilt dem Bauernhof von Jens und Lene Tadsen. Ihr umfangreiches Anwesen liegt malerisch an der Ostseite der hohen Voltswarft. Ich gehe die breite Hofeinfahrt – „dat Ack", friesisch *dat Åck* – hinauf, an deren linker Seite der schöne, baumreiche Garten liegt, während auf der rechten der tiefe, breite Wassergraben verläuft, den wir „Graft", auf friesisch *Greeft* nennen.

Da meine Eltern gegenüber auf der Gabrielswarft die Gastwirtschaft betreiben, ist mir hier alles bekannt, und ich benutze die zweigeteilte Stalltür, deren „Boverdör" offensteht. Ich gehe durch die lange Reihe der links und rechts stehenden Rinder und gelange in den dunklen Flur, von dem aus ich in die Küche trete. Hier treffe ich die junge Bäuerin Mariechen an, die erst kürzlich aus ihrer Heimat Angeln als Schwiegertochter hierhergezogen ist. Da in diesem Haus ausschließlich friesisch gesprochen wird, muß sie sich diese für sie völlig fremde Sprache möglichst bald aneignen.

Neben der Viehwirtschaft unterhält Jens Tadsen für unser Dorf die Bullenstation, und ich bewundere ihn häufig, wenn er die riesi-

Mein prämiierter Stier „**Walter**" deckt à Kuh 6 M.,

mein größerer Eiderstedter Stier „**Viktor**" deckt à Kuh 4 M.,

und mein jetzt in Garding gekaufter Stier **Peter**", 1¼ Jahr alt, deckt à Kuh 4 M.

NB. Erstgenannter Stier „**Walter**" steht zum Verkauf.

Fahretoft, den 2. Juni 1904.
Jens Tadsen.

zum öffentlichen Verkauf.

Hesbüll, den 12. Mai 1920.

Im Auftrage:
Johs. Cornils, Auktionator.

Deckanzeige.

Unsere

Shorthorn-Deckstiere

mit großem Stammbaum

decken à Kuh 20 Mark.

Fahretoft, im Mai 1920.

**J. Tadsen.
M. Martensen.**

„... unterhält Jens Tadsen die Bullenstation."

gen, gefährlich brummenden Tiere, die einen Ring in der Nase tragen, in aller Ruhe ins Freie oder zu den Kühen führt.

Familie Tadsen besitzt als einzige im Dorf einen Liegestuhl, der jeden Sommer im Garten aufgestellt und von einer jungen Frau benutzt wird. Stundenlang liegt sie in der Sonne und liest in einem Buch. Sie ist sehr dünn, sehr vornehm und kommt aus Hamburg, um bei uns in Fahretoft gesunde Luft zu atmen, wie Mutter sagt. In ihrer Nähe dürfen wir keinen Lärm machen, denn Mimi – so heißt sie – leidet an Schwindsucht und muß wohl bald sterben. Es tut mir immer leid, wenn ich sie dort liegen sehe, und ich hoffe, daß sie im nächsten Sommer doch noch wiederkommt.

Die ganze Familie Tadsen geht jeden Sonntag in die Kirche. Die Männer haben dort in der ersten Reihe unter der Orgel ihren Stammplatz auf der einzigen Bank, die an jeder Seite Türen und sogar Haken für die Mützen hat.

Durch eine kleine Pforte gelange ich zum Nachbarhaus von Carl „Snäiter", dessen Vater Tischler war und daher mit dem friesischen Berufsnamen genannt wird. Ich kenne natürlich Onkel Carl und Tante Lene und gehe gleich zur Küche durch. Besonders im Herbst, wenn die Äpfel, die „Hasenköpfe", reif sind, bin ich hier häufiger Gast und bekomme alle Jahre wohlschmeckende Früchte.

Das Nachbarhaus von Carl und Lene Snäiter

Carl trägt noch als letzter im Dorf die alten dänischen Holzschuhe, die nur aus Holz bestehen. Seine Hosen stopft er in die von Lene gestrickten Wollstrümpfe, wohl damit sie unten nicht schmutzig werden. Das sieht lustig aus. Er erzählt mir gerne aus alten Zeiten, von 1864, als die Österreicher hier waren, und ist immer ein bißchen enttäuscht, daß ich die Leute von damals nicht kenne.

Der nächste hübsche Bauernhof mit weißen Fensterläden, den

einzigen in Fahretoft, gehört Emil Ingwersen. Mete, seine Frau, führt mich zu ihrem Mann in das mit schönen alten Möbeln ausgestattete Wohnzimmer. Beide haben viele Fragen, während ihre drei Kinder brav zuhören und auf die Hedewäken warten.

Nebenan im Haus von Anna Siewertsen und bei der alten Magret Bunken finde ich keinen Einlaß. So gehe ich am neuen Kriegerdenkmal vorbei zu Tante Stine Sibbersen. Durch das Westerfenster sehe ich wie immer ihren betagten Mann Jacob sitzen. Er verläßt das Haus nur noch einmal wöchentlich, um bei Bäcker Volquardsen Brot zu holen. Bei Wind weht sein langer Bart dann weit zur Seite. Alle Leute sagen, er sei ungewöhnlich klug und habe Chemie

„Der hübsche Bauernhof mit den weißen Fensterläden ...“

studiert. Doch lebt er hier seit Jahrzehnten völlig zurückgezogen auf seiner Kammer.

Als um 1926 die Kirchenglocke plötzlich zersprang und zum Austausch vor dem Turm auf der Erde stand, versuchten der Pastor und ein Junglehrer ihr Gewicht durch Vermessen zu errechnen.

Jacob Sibbersen in der Stalltür vom Hans-Momsen-Haus (um 1920)

Hans Momsens Sonnenuhr an der Südmauer der Kirche

Schließlich kam auch Jacob mit einem Maßband in der Hand von seiner Kammer herunter und hatte, wie es später hieß, als einziger das richtige Gewicht herausgefunden.

Ich gehe in sein Haus, das – wie ich natürlich weiß – einstmals dem berühmten Hans Momsen gehörte. Das sieht man noch an den auffallend schönen Mauerankern am Giebel, die die Anfangsbuchstaben der Namen beider Eheleute HM und AM zeigen. Dabei fällt mir ein, daß auch die Sonnenuhr, die an der Südmauer der Kirche befestigt ist, uns an Hans Momsen erinnert. Wir Jungs suchen sie gelegentlich auf, um nachzusehen, ob sie immer noch richtig geht. Sie ist in eine Steinplatte gemeißelt und hat die vielen Jahrzehnte unbeschadet überstanden.

Die Eingangstür ist ungewöhnlich tief ins Haus zurückgezogen. Großmutter sagte, dies sei in voller Absicht geschehen, weil Momsen beim Auf- und Abschließen Regentropfen im Nacken nicht schätzte und auch bei schlechtem Wetter gerne für ein paar Atemzüge draußen im Trocknen stand.

Eine weitere bauliche Besonderheit zeichnet dieses Haus aus: Der allgemein lebensnotwendige „Sod" befindet sich hier innerhalb des Gebäudes, damit Frau Adelheid das Wasser für den Haushalt nicht erst von draußen hereinholen mußte.

Die Vordiele ist ziemlich dunkel, weil das Tageslicht nur durch die Türscheiben eindringen kann. Der Fußboden besteht aus großen quadratischen, braun-roten Sandsteinplatten, sicher von weither beschafft, die auch die Küche schmücken. Sie liegt hinten links am Flur und wird von einem kleinen Sprossenfenster von Norden her erhellt. Von hier geht es zu der kleinen Kellerkammer hinauf, in der Jacob seit Jahren liest und schreibt.

Tante Stine, Jacobs ebenfalls hochbetagte Frau, geht mit mir in die Stube, wo aus Momsens Zeiten noch der hübsche „Bilegger" vor einer wunderschön blaugefliesten Wand steht. Links oben hängend, zieht immer wieder die große alte, teilvergoldete Pendeluhr meine Blicke an, deren blanke Gewichte an langen Ketten hängen. Tante Stine erzählt mir, daß die Stubenecke neben dem stets warmen Ofen über viele Jahre Momsens Lieblingsplatz bildete, wo er dann auch 1811 eingeschlafen ist. Aber das ist nun schon über 110 Jahre her.

Weiter gehe ich zu Nicolai Sönnichsen, den wir „de Klotzenmoker" nennen. Er arbeitet auch heute, weil er wohl so viele Bestellungen auf Holzschuhe hat. Die vorgeformten Rohlinge erhält er von der Fabrik in Hattstedt. Trotz seiner schweren Rückgratverkrümmung stellt er mit großem handwerklichen Geschick, wie Vater einmal anerkennend bemerkte, diese für die Marsch so praktische Fußbekleidung her. Um ihn herum spielen, mit den Rohlingen Brücken und Häuser bauend, seine zahlreichen Kinder. Seine Frau Lene zählt acht hungrige Münder, die alle einen Wecken haben sollen.

Zwischendurch laufe ich ins Haus nebenan zu meinen Eltern. Sie bereiten sich gerade auf den Besuch der Kirchgänger vor, die nach dem Gottesdienst zu einem Punsch und damit zu einem Klönschnack „rinkieken". Einige haben auch ihre Fuhrwerke in unserer Durchfahrt oder auf dem Hofplatz abgestellt. Die beiden Schenkstuben liegen gleich links vom Flur auf der Südseite des Hauses.

An Werktagen kommen die Bauern zu uns zum Wiegen ihrer Kühe oder Schafe, wenn der Kaufpreis nach dem Gewicht des Tieres berechnet wird. Im Augenblick bekommen die Bauern für ein Rind ungefähr 47 Pfennig für das Pfund Lebendgewicht. Nach dem Handel mit Handschlag muß der Verkäufer einen „Wienkoop" ausgeben, wobei es meistens nicht bei nur einem Punsch bleibt. Gelegentlich kommt es zu Trinkgelagen, zum „Schwieren", was meine Eltern aber gar nicht lieben. Da es Sitte ist, daß der Wirt als Gastgeber mittrinken und zwischendurch seinerseits „einen ausgeben" – *ån üttduun* – muß, sind meine Eltern immer bemüht, sich unauffällig dem Alkoholgenuß zu entziehen. Dazu lösen sie sich in der Bedienung ab, bereiten für sich ganz „schwache" Pünsche oder nehmen statt Köm gar Wasser in den Tee. Aber das dürfen die Gäste natürlich nicht merken. Sind die Leute betrunken, heißt es, sie sind „duun", auf friesisch *drunken*, oder auch, sie haben einen „Hoarbüdel".

Kürzlich kamen einige Männer gar in einem Auto vorgefahren und baten, einen öffentlichen Radioempfang bei uns vorführen zu dürfen. In der Schenkstube wurden viele schwere Gerätschaften mit dunkelglühenden Birnen aufgestellt, ein Draht – sie sagten Antenne – von unserem Haus bis in die Bäume des Kirchhofes nach Westen gespannt und ein weiterer nach Norden in den höchsten Baum vom Nachbarn Tadsen. Ich war ein eifriger Beobachter und bewunderte, wie die Männer mit Kopfhörern an vielen Knöpfen drehten. Aber aus dem kleinen Lautsprecher kam nur ein heftiges Geknatter, und sie wurden sehr nervös.

Am Abend versammelten sich in unseren beiden Gaststuben viele Dorfbewohner, die diese technische Neuheit, von der sie seit längerer Zeit in der Zeitung gelesen hatten, nun in Augenschein nehmen wollten. Doch außer einem höllischen Krach gab es nichts zu hören. Die Männer baten immer wieder um Geduld, doch weder Musik noch eine menschliche Stimme war den Geräten zu entlocken. Schließlich zeigten die inzwischen getrunkenen Pünsche unter den Gästen ihre Wirkung, so daß sie nach meinem Bruder Fidi und seiner Handharmonika verlangten. Nun wurde es ein feuchtfröhlicher Abend mit Lachen und Singen, und niemand entbehrte das Wunderding Radio.

In unserem Keller lagerte stets ein gewisser Vorrat an Bier, Brause und Selterswasser, der überwiegend im Sommer seine Abnehmer fand. In einer Ecke jedoch lagen über lange Zeiten auch einige Flaschen Rotwein, die aber nie von Gästen gewünscht wurden. Uns Kinder wunderte das, wußten wir doch aus dem Märchen vom Rotkäppchen, daß Rotwein besonders wohlschmeckend und gesund sei, und gar zu gern hätten wir ihn einmal gekostet.

Eines Abends nun kamen ein fremder Herr und eine vornehme Dame in unsere Gastwirtschaft, die Wein zu trinken begehrten. Mutter holte eine Flasche Rotwein herauf, und wir verfolgten mit Anteilnahme das Servieren mit zwei wunderschönen Gläsern. Jetzt war vielleicht der Augenblick gekommen, der uns eine Kostprobe dieses märchenhaften Getränks bescheren würde. Endlich verabschiedete sich das feine Paar, und richtig, in der Flasche befand sich noch ein ansehnlicher Rest. Wir bestürmten Mutter, und sie stellte für uns drei je ein kleines Likörglas auf den Tisch und schenkte uns ein.

Der rote Wein funkelte herrlich, und wir genossen die Feierlichkeit des Augenblicks. Mutter entbot uns ein freundliches Prosit – und wir erlebten eine abgrundtiefe Enttäuschung! Das Zeug schmeckte ja bitter wie, wie… wir fanden keine Worte. Mutter lächelte, als wir unsere Gläser halbvoll zurückstellten, und erinnerte uns daran, daß sie mehrfach unsere hohen Erwartungen zu bremsen versucht hatte. Nur Fidi trank sein Glas leer und behauptete fest, es schmecke gar nicht so schlecht.

An diese Geschichte denke ich, während ich in Mutters Küche

176

eine Tasse Tee trinke und meinen Korb mit neuen Hedewäken fülle. Ich gehe am Garten von Hans Momsen vorbei, dessen Obstbäume vielleicht noch von ihm selbst gepflanzt wurden, zu Pastor Ahrens. Obwohl ich dort nicht fremd bin, zaudere ich ein wenig, das alte hohe Pastorat zu betreten, weil ich mit Frau Pastor hochdeutsch sprechen muß. Aber dann fällt mir ein, daß noch Kirchzeit ist und der Pastor wie auch seine Frau nicht zu Hause sein werden. So treffe ich nur das Dienstmädchen „Hanne Paster" an, das – freundlich wie immer – friesisch mit mir spricht. Hanne ist nicht mehr jung und bestimmt schon 20 Jahre hier in Diensten. Rundlich, mit zwei dünnen Flechten stramm um den Kopf und mit stets roten Backen, hat sie neben der Hauswirtschaft auch Pastors Kuh „Anna" zu betreuen. Ich helfe ihr gelegentlich beim Füttern und Ausmisten. Die Kuh weidet im Sommer auf der „Toft", dem südlichen Abhang der Gabrielswarft, wohin ich mit Hanna zum Melken gehe. Weil Anna mich gut leiden kann, darf auch ich sie ab und zu melken.

Hanna hat jetzt, wie in jedem Winter, „Frost" in den Händen, der die geschwollenen Handrücken in eine einzige große, blau-rote Wunde verwandelt. Aber sie sagt, der Frost tue nicht weh, sondern jucke nur mal unangenehm, und im Frühjahr sei er wieder weg. Sie arbeitet meistens ohne Verband, doch daran habe ich mich schon gewöhnt.

Von Hanna habe ich die ersten Erdbeeren meines Lebens bekommen, die sie spät noch im Garten fand. Als einziger im Dorf hat Pastor Ahrens diese uns fremde Köstlichkeit angepflanzt. Auch einen Walnußbaum setzte er, der aber, wie sein Sohn Walter sagt, erst in sieben Jahren Nüsse tragen wird. Dieser Baum steht noch heute dort.

Wenn „Pastors" verreist sind, dürfen Walter und ich im ganzen Haus spielen. Hanna verrät uns nicht. Wir gehen dann auch nach oben in die Studierstube des Pastors im Südgiebel des Hauses. Das ganze Zimmer ist rundherum mit dicken Büchern vollgestellt. Aber es beherbergt auch eine Art Kanzel, beinahe wie die in der Kirche, nur eben auf dem Fußboden stehend. Diese zieht uns besonders an, denn ihr gegenüber hängt ein Spiegel, in dem man sich beim „Predigen" beobachten kann. Abwechselnd versuchen wir uns in dieser Kunst, aber Walter kann seinen Vater viel besser nachmachen. Er hebt die Arme zum Himmel, schlägt auf die Brüstung, droht mit dem Finger – und das alles mit ernstem Gesicht. Das ist sehr lustig.

Hanne weiß heute nicht, ob Frau Pastor Wecken haben möchte, und so ziehe ich weiter zu Lehrer Nissen. Er ist als Küster natürlich auch in der Kirche zum Orgelspielen. Jeden Sonntag muß er dort sein, und einmal äußerte er meinen Eltern gegenüber, er kenne schon alle Predigten von Pastor Ahrens und müsse deswegen häufig gegen den Schlaf ankämpfen.

Die Küstersfrau braucht für die Familie und ihre beiden Schwestern, die gerade wieder aus Tondern zu Besuch gekommen sind, zehn Wecken. Siegfried Sörensen, schräg gegenüber wohnend, ist als Kirchendiener ebenfalls noch im Gottesdienst, aber seine Frau Line ist wenigstens zu Hause. Auch die Nachbarin, Tante Duje Markussen, nimmt mir einige Kuchen ab.

Mein Weg führt nun von der Gabrielswarft hinab, auf dem Klinkersteig entlang übers „Brett", zur Mutter meines Freundes Paul Schoster. Sein Vater ist 1917 gefallen und sein Stiefvater, der Schuhmacher Benthin, kürzlich an Krebs verstorben. Sieke, seine Mutter, klagt denn auch über ihr schweres Schicksal und über die schlechten Zeiten, kauft dann aber einen Wecken für ihren Paul.

Nun gehe ich weiter auf dem Klinkersteig nahe dem Graben zur Ostjacobswarft. Der schön gelegene Bauernhof gehört Johannes Ingwersen. Seinerzeit half er unserer roten Kuh, als sie nach dem Kalben „den Leib ausgebrochen" hatte. Auf der Warft kommt mir sein großer Hund entgegen, und ich bedaure, daß ich Treu nicht dabeihabe, der ihn, da dieser ein Rüde ist, bestimmt ablenken würde. Ich halte ihn mir mit meinem gutriechenden Korb ein wenig vom Leibe und nähere mich langsam der Haustür. Schon habe ich sie geöffnet, als er mir noch von hinten in die Wade beißt. Zum Glück ist es nicht so schlimm, und es blutet auch nur wenig. Alle vier Ingwersens schimpfen auf den Hund und sperren ihn ein. Sie

„…von der Gabrielswarft hinab auf dem Klinkersteig entlang…"

kaufen vier Wecken und geben mir ein Fünfzigpfennigstück, so daß ich einen Groschen als Schmerzensgeld habe. Naja…

Nachbar Jessen ist wohl mit der ganzen Familie in der Kirche. So gehe ich zu Karsten Moler am Fuß der Warft hinunter. Er ist der Vater meines Freundes Korl. Karsten verlor im Krieg 1914–18 ein Bein, kann aber noch größtenteils seinen Beruf als Maler ausführen. Nur Tapezieren und Deckenstreichen macht er nicht mehr. Seine ganze Liebe gilt alten Fahrrädern, die er wie neu lackiert. Ich treffe ihn immer mal in Vaters Werkstatt oder wenn er, gemütlich die Unterarme auf die Lenkstange seines niedrigen Fahrrades gestützt, mit einer Pedale durchs Dorf fährt. Er ist immer zu einem längeren Klönschnack bereit.

Wenn er nicht zu Hause ist, sind Korl und ich in seiner Werkstatt, wo hundert und mehr Farbdosen aller Art stehen und wo es so gut nach Terpentin riecht. Korls kleinerer Bruder Emil litt an epileptischen Anfällen, und es mußte immer jemand auf ihn aufpassen. Aber kürzlich ist er dennoch in einem nahen Wassergraben ertrunken, der Arme. Nun hat Korl auch noch die vielen Bleifiguren – Soldaten, Reiter, Bauern, Frauen und Burgen – von seinem Bruder „geerbt". Sein Vater hat sie alle selbst aus geschmolzenem Blei gegossen. An kalten Tagen läßt es sich schön damit spielen. Miee, Korls freundliche Mutter, nimmt mir eine ganze Anzahl Wecken ab.

Zum Abschluß des Vormittags will ich noch nach Rickertswarft. Normalerweise müßte ich zurückgehen und den Schulsteig über die Fennen und Bretter nehmen. Da das Eis aber auf den Gräben längst trägt, kann ich mir den Umweg sparen und von der Ostjacobswarft quer hinüber zu meinem nächsten Ziel gehen. Außer der Ost- gibt es auch noch eine Westjacobswarft, die hinter Jannenswarft ganz im Westen liegt. Von den 14 Warften unseres Dorfes sind 11 nach männlichen Vornamen benannt, wie wir einmal zu Hause an einem Abend erstaunt feststellten.

Die größte Strecke kann ich auf einem schönen Eisgraben entlanglaufen und immer wieder einen langen Rutsch auf meinen wunderbar gleitenden Holzschuhen tun. So erreiche ich schnell das Haus von Lucie und ihrem Sohn Nicolai. Gelegentlich bin ich hier zum Spielen; aber es ist bei ihm ziemlich langweilig, weil seine Mutter, die Kriegerwitwe ist und ein wenig Landwirtschaft betreibt, immer Angst hat, daß wir etwas in Unordnung bringen könnten. Doch im Weckenkauf ist sie heute gut.

Im Haus nebenan wohnt Nis Geyer. Er ist Vormann bei den Außendeichsarbeitern, die auf dem Watt Lahnungen bauen, um neues Land zu gewinnen. Nis Geyer ist riesengroß und weithin so bekannt, daß man seine Mitarbeiter einfach „die Geyers" nennt.

Sein Sohn Siegfried, auch von ungewöhnlicher Länge, ist Aufsichtsmann für die Schafe auf dem Land vor dem Außendeich, das wir Vorland nennen. Alle Dorfbewohner ohne oder mit nur wenig Landbesitz haben das Recht, eine bestimmte Anzahl Schafe und Lämmer auf dem Vorland grasen zu lassen. Und da fast alle Familien einige Schafe ihr eigen nennen, hat Siegfried die Verantwortung für die Sicherheit von einigen hundert Tieren. Er öffnet ihnen frühmorgens das Gatter am sicheren Deich, wo sie die Nacht verbringen, und treibt sie abends mit seinem kleinen Hund wieder hinein. Da er sie in dieser Menge nicht zählen kann, kontrolliert er mehrmals am Tag die zahlreichen Gräben – hier Priele genannt –, ob dort Tiere beim Hinüberspringen hineingefallen sind. Diese Priele führen vom Deich aus meist schnurgerade ins Watt und füllen sich bei jeder Flut mit Wasser. Werden die Schafe in den Gräben also nicht rechtzeitig entdeckt, müssen sie dort zur nächsten Flutzeit ertrinken.

Seine Aufmerksamkeit gilt aber auch dem Wetter, weil ab Windstärke 8 bis 9 aus West das weite Vorland überflutet wird und die Schafe früh genug am hohen Deich in Sicherheit gebracht werden müssen. An den Tagen der Springfluten gar, die alle zwei Wochen drei Tage lang auftreten, ist die vorherige Abschätzung des jeweiligen Wasserauflaufs besonders wichtig, aber auch schwierig. Eine unvorhergesehene Überflutung kann Hunderte von Schafen das Leben kosten, wie es anderswo schon mehrfach vorgekommen ist. Siegfried aber hat bisher solches Unheil durch rechtzeitige Vorsorge vermeiden können.

Ich habe ihn mehrere Male auf seinen Kontrollgängen begleitet und manches über das Wetter allgemein und besonders über untrügliche Vorzeichen für aufkommende Stürme von ihm gelernt. So gibt es Regen und starke Winde, wenn die Sonne spätnachmittags „auf Krücken geht", und ein Kälteeinbruch steht bevor, wenn sich seitlich von ihr zwei „falsche Sonnen" zeigen.

Was mich aber immer wieder in Erstaunen versetzt, sind seine „Schafkenntnisse". Trotz der vielfältigen Hausmarken der einzelnen Eigentümer in Rot, Blau und Grün – an den verschiedensten Körperstellen der Tiere mit Wasserfarben aufgetragen – kennt er jedes Schaf und kann es seinem Besitzer zuordnen. Auch wenn die Farben und Marken schon weitgehend von Regen und Sonne ausgebleicht sind, sagt er so nebenbei: *„Datdeer Schäip hiert August Kloi Böiters än datdeer Kikke Schruder. Än datdeer"*, und er zeigt mit seinem langen Stock nach rechts, *„äs Hinne Moor san Buck. Ja, än deer bai 'e Rindel – schuchst dü dat? – dat äs järnge Änter. Jü Mämm deerfoon koum foon Tone Mörmoon."* (Dieses Schaf gehört August Nicolai Böttcher [sein Großvater war Bottichmacher, er heißt aber Petersen] und das da Christian Schneider [er ist Schneider und heißt Sönnichsen]. Und das da ist Hinrich Matthiesens Bock. Ja, und dort am Priel – siehst du es? – das ist euer ‚Enter' [*]. Die Mutter davon kam von Anton Mauermann.)

Ich bin platt! Nicht einmal unser eigenes Jungschaf habe ich zwischen all den anderen wiedererkannt. Dabei hielt ich es im Arm, als Vater ihm im vorigen Jahr den Schwanz kürzte. Aber nicht nur ich bewundere diese seine Gabe, sie ist dorfbekannt. Dabei soll er, wie gesagt wird, früher in der Schule gar nicht gut gewesen sein.

Nis und Siegfried besitzen ein Flachboot, das an der Abbruchkante im Priel liegt. Als Walter Paster und ich an einem schönen

[*] Fries. *Änter*, niederdt. *Enter* ist ein Jungschaf, das noch nicht gelammt hat. Es bedeutet eig. ‚das Einjährige' und ist zusammengezogen aus *an-* bzw. *en-wintere* „einwinterig", also ‚einen Winter alt'. Das entsprechende Wort für eine junge Kuh, die noch nicht gekalbt hat, also die ‚Färse' oder ‚Stärke', ist fries. *Kweeg*, Schleswiger niederdt. *Kwieg*, das auf altdän. *kwigæ* zurückgeht. Bis in die jüngste Vergangenheit wurde in den nordfriesischen Lokalzeitungen „eine trächtige Quie" zum Kauf angeboten. – Å.

Nachmittag zur Flutzeit badeten, kamen die beiden herangesegelt, nahmen uns ins Boot und fuhren mit uns bis Lüttjenswarft und zurück. Das war ein unerwartetes, schönes Erlebnis. Doch froren wir beiden Nackedeis ziemlich bald im leichten Sommerwind und waren schließlich froh, wieder ins warme Wasser zurückzukommen.

Auf meinem Rundgang gehe ich zuletzt zu unserem betagten Lehrer Bernhard Petersen hinüber, der hier einen schönen alten Friesenhof besitzt, den er mit seinen beiden noch unverheirateten Söhnen bewirtschaftet. Ein weiterer Sohn ist Arzt in Flensburg und kommt gelegentlich auf seinem schweren Motorrad nach Hause. Zu unserem Erstaunen ist der Motor mit den Zündkerzen im Vorderrad untergebracht. Leider springt er nur sehr ungern an, und wir Jungs schieben dann so lange, bis der Doktor mit Getöse und einer langen blauen Rauchfahne davonbraust.

Die Familie Petersen gilt als ungewöhnlich klug wie im selben Maße auch gutherzig. Doch fördern diese beiden lobenswerten Eigenschaften wohl nicht gerade den landwirtschaftlichen Ertrag des Hofes, wie allgemein gesagt wird. So wird erzählt, daß im Stall ein

Der Friesenhof von Lehrer Petersen auf der Rickertswarft

183

altes Pferd steht, das viele Jahre lang seinen Dienst getan hat, nun aber längst nicht mehr zur Arbeit herangezogen werden kann. Als ein Schlachter es kaufen wollte, soll Bernhard entgegnet haben, dazu sei es noch zu früh, denn es habe immer noch einen so guten Appetit.

Ich werde, wie hier üblich, sehr freundlich aufgenommen, soll mich erstmal aufwärmen und von Großmutter erzählen, die längere Zeit krank war. Währenddessen genieße ich die gemütliche Umgebung und bewundere die schöne alte Wanduhr, die das Zimmer schmückt. Schließlich werde ich auch noch meine letzten Wecken los.

Von hier gehe ich übers Eis nach Hause zum Mittagessen. Mit einem kleinen Korb voll Wecken will ich am Nachmittag auf Schlittschuhen nach Lüttjenswarft fahren.

Der Wind aus Nordost und die Kälte haben zugenommen, und Mutter rät mir, die weite Fahrt zu unterlassen. Doch ich finde, die Eisverhältnisse sind so gut, daß ich vor dem Dunkelwerden wieder zu Hause sein kann. Ich schnalle meine geliebten „Schurren", die Holzschlittschuhe, unter, und schon bald schiebt mich der günstige Wind an Strich und der Jannenswarft vorbei auf Lüttjenswarft zu.

Vor dem Aufgang zur Warft binde ich meine Schlittschuhe ab, lege sie und den Pikstock unter ein Hecktor und gehe in das erste Haus mit dem roten Ziegeldach, das dem „groten Detlef" gehört. Vor längerer Zeit ist seine Frau verstorben, und nun wirtschaften er und die Kinder meistens alleine. Karsten als ältester, der in die „Grotschool" geht, kommt aus der Küche, besieht sich die Wecken und entscheidet zu meiner Verwunderung selbständig über den Kauf von zehn Stück. Nebenan wohnt Heie Sönnichsen mit seiner Frau und etlichen Kindern, die zum Teil mit mir in die gleiche Klasse gehen. Alle Sönnichsens im Dorf sind untereinander verwandt, und man erkennt sie an den dunklen Haaren.

Im letzten Haus der Lüttjenswarft befindet sich eine ganz kleine Gastwirtschaft, die über Jahre von „Berte" geführt wurde. Kurz vor Weihnachten aber ist Berta verstorben und mußte ihre Kinderschar zurücklassen. Bei ihrer Beerdigung habe ich mit fünf weiteren Jungs gesungen. Als wir in der Stube, wo der Vater und die weinenden Kinder um den offenen Sarg der toten Mutter saßen, wie üblich das Lied „Was Gott tut, das ist wohlgetan" singen sollten, versagte mir bei diesen ersten Worten die Stimme. Später zogen wir mit dem pferdebespannten Leichenwagen und einem unendlich langen Trauergefolge auf dem schmalen, hohen Außendeich entlang, der Fahretofter Kirche entgegen. Es war dies das traurigste Begräbnis meiner ganzen Kinderzeit.

Heute kommt die älteste Tochter auf mich zu und berät mit ihrem Vater über die Anzahl der zu kaufenden Wecken. Schließlich nehmen sie den ganzen Rest, worüber ich mich natürlich freue.

Zufrieden gehe ich mit leerem Korb zu meinen Schlittschuhen und bereite mich auf den Rückweg vor. Der Nordost ist anscheinend noch stärker geworden. Meinen Schal fest um den Hals und die Pudelmütze tief in die Augen gezogen, mache ich mich auf den Weg. Nur langsam komme ich gegen den Sturm voran, obgleich der Pikstock mir eine gute Hilfe bietet. Ich wähle Gräben mit hohen Kanten, um weniger vom Wind erfaßt zu werden. Viel nützt das aber nicht und bringt mir zudem Umwege ein.

Allmählich fühle ich meine Kräfte erlahmen und habe nur noch den Wunsch, mich einfach hinfallen zu lassen, um eine Weile auszuruhen. Aber dann erinnere ich mich an traurige Geschichten, in denen Kinder bei großer Kälte eingeschlafen und erfroren sind. Also weiter, nichts als weiter!

Endlich bemerke ich mit Erleichterung den Windschatten von der hohen Voltswarft. Ohne zu überlegen, stolpere ich mit meinen Schlittschuhen an den Füßen in das nächstliegende Haus. Hier wohnt der Bauer Emil Ingwersen, der mir wohl gleich meinen abgekämpften Zustand ansieht und mich herzlich aufnimmt. Während er meine verfrorenen Hände in den seinen warmreibt, bringt Tante Mete mir heißen Tee. So bin ich bald wieder wohlauf, bedanke mich und lege den Rest des Weges mit neuem Mut zurück. Später hieß es, es sei mit 16 Grad minus und Windstärke 9 aus Nordost der kälteste Tag seit Jahren gewesen.

Unsere Schulweihnachtsfeier

Ende November ist es wieder so weit: Küster Nissen verteilt für die kommende Weihnachtsfeier Gedichte und Theaterrollen in unserer Klasse. Das ist für mich eine aufregende Angelegenheit, weil ich absolut keine Gedichte vor Erwachsenen aufsagen mag und kann. Ich erinnere mich mit Schrecken an die damalige Feier in dem gerade neu gebauten Saal im „Fresenhuus". Alle Bänke und Stühle waren mit Eltern besetzt, und ich mußte alleine auf die Bühne treten und das riesenlange Gedicht „Knecht Ruprecht" von Theodor Storm vortragen. Ich hatte es gut gelernt und auch mehrfach in der Schule aufgesagt, wobei Küster Nissen die Betonung immer wieder verbesserte. Mutter hatte mir zu Hause noch schnell einige Tropfen Baldrian gegeben und ihre Wirkung für hundertprozentig erklärt. Aber als ich dann vor das Publikum trat, hatte ich vor lauter Aufregung alles vergessen. „Von drauß' vom Walde komm ich her" war das einzige, was mir noch einfiel. Von der Seite wurde mir Hilfe zugeflüstert, aber viel zu leise. Schließlich fand ich doch noch den Faden wieder und brachte das Gedicht, wenn auch mit einigen Abkürzungen, zu Ende. Dennoch war dies für die ganze Familie eine mittlere Katastrophe. Seitdem habe ich furchtbare Angst, daß mir wieder ein Gedicht zugeteilt wird, denn ein Verweigern gibt es nicht. Dann könnte nur noch eine „plötzliche Grippe" helfen.

Im vorigen Jahr war ich in einem Theaterstück der Weihnachtsmann, lag laut schnarchend im Bett, als der Vorhang aufging, und wurde von kleinen Engeln geweckt, weil die „liebe Weihnachtszeit wieder herangekommen" sei. Ich dehnte mich und reckte mich ausgiebig, bestellte mir mit tiefer Stimme sieben Pfannkuchen, das Stück zu einem halben Pfund, und ließ mir die schweren Pelzstiefel über die Füße ziehen. Ja, das war etwas anderes, zumal mein riesiger Bart mich weitgehend verdeckte. Alle sagten, ich sei großartig gewesen.

Jetzt vergibt Lehrer Nissen wieder die einzelnen Aufgaben, und

ich warte mit Spannung darauf, was er mir in diesem Jahr zugedacht hat. Eigentlich freue ich mich immer auf die Feier. Der große
Tannenbaum verbreitet Weihnachtsstimmung, und wir Kinder singen neu eingeübte, weniger bekannte Lieder zweistimmig. Mit unserer Geigengruppe zeigen wir im Spielen von kleinen Musik-
stücken nach Noten, daß unser Unterricht bei Herrn Nissen
Früchte trägt. Auch die Gedichte, sofern sie von anderen vorgetra-
gen werden, und das Theaterstück, das immer vom Weihnachtsmann, von Engeln und Zwergen handelt, liebe ich sehr. Die mit den
Eltern gemeinsam gesungenen altbekannten Weihnachtslieder, die
unser Küster auf dem Klavier begleitet, stimmen uns fröhlich und
beschließen den besinnlichen Abend.

Immer noch werden Gedichte verteilt, aber überwiegend an
Mädchen. Bei jedem neuen, wenn Lehrer Nissens Blick suchend
über die Klasse wandert, möchte ich unter die Bank rutschen. Doch
dann nimmt er ein Heft in die Hand, das offensichtlich ein Bühnen-
stück enthält, und ich höre wie durch eine Wand undeutlich meinen
Namen. Ja, ich werde wieder im Theater mitspielen, und zwar als
Zwergenfürst, der sieben dieser kleinen fleißigen Wesen befehligt.
Meine Aufregung klingt allmählich ab, und ich kann endlich wieder
ohne Angst unserer schönen Weihnachtsfeier entgegensehen.

Mit Glückwunschkarten unterwegs

Am Sonntag vor Ostern – *di Saandi for Pååsche* – wird bei uns im
Dorf Konfirmation – *Oufsefiern* („Absolvieren") – gefeiert, wobei
wir Kinder uns mit dem Austragen der Glückwunschkarten – *ütt
mä Koorde* – seltene Leckereien verdienen können. Schon am
Abend vorher schreibt Mutter die Adressen auf die Umschläge, auf
denen die Konfirmierten zum ersten Mal mit „Herr" oder „Fräu-
lein" angeredet werden.

Da Vater als Handwerker die Eltern aller Konfirmanden bekannt sind, werden sie auch alle bedacht. Um das zeitaufwendige Ausfüllen zu vereinfachen, hat Mutter 200 Karten mit der Aufschrift: „Herzlichen Glückwunsch zum heutigen Tage" und darunter: „Sönke Lorenzen und Frau" drucken lassen, die nun zu Familienfesten aller Art passen und damit sehr praktisch sind.

Vor dem Austragen werden die Karten wohlüberlegt auf uns drei Kinder verteilt: Die beiden Kleinen, Erich und Mariechen, erhalten die der Nächstwohnenden und ich die übrigen. Mit dem Nachbarort Waygaard zusammen sind es im ganzen 28 Stück.

Auch Großeltern und Nachbarn, die keine Kinder zum Austragen haben, bringen uns Karten herüber. Sofern sich dadurch doppelte ergeben, tausche ich sie mit anderen Jungs aus, so daß ich schließlich für alle Konfirmanden mindestens eine Karte besitze. Meistens kann ich sogar noch einige doppelte verschenken; denn ob man eine oder mehrere abgibt, die Belohnung ist immer die gleiche. Und zweimal in dasselbe Haus zu gehen, verbietet sich. Karl hat es einmal versucht: Erst ging er barhäuptig hinein, und später übergab er eine weitere Karte mit einer Mütze auf dem Kopf. Dennoch wurde er ertappt, und es war sehr peinlich für ihn.

Gleich nach dem Mittagessen – *eefter't Unnern* – mache ich mich zu Fuß auf den Weg, den ich mir sehr genau überlegt habe; die Karten ordne ich der Strecke nach, und wie immer nehme ich meinen Hund Treu mit.

Wir gehen auf dem Holländerdeich nach Westen und suchen der Reihe nach die Häuser auf, in denen Konfirmation gefeiert wird. Da ich alle Familien im Dorf kenne, macht mir das Auffinden keine Schwierigkeiten. So gelange ich über den Mitteldeich und hinter Nyhörn auf dem Westerschinkeldeich entlang allmählich nach Broderswarft.

Dort sind die Familien, wie ich von der Schule her weiß, besonders kinderreich: Karl Hahn hat 12 Kinder, Paul Jacobsen hat auch 12, Karl Bonken 8, Dieter Bonn 7 und Peter-August hat 9 Kinder, so daß in diesen Häusern fast Jahr für Jahr eine Konfirmation ansteht.

Mutter meinte einmal, daß dieses Fest für die meisten Familien schon deswegen ein erfreuliches Ereignis ist, weil das Kind gleichzeitig aus der Schule entlassen wird, sich nun künftig durch Arbeit bei einem Bauern oder als Lehrling in einem Handwerksbetrieb sein Brot selbst verdienen wird und damit den Familientisch um einen Esser entlastet.

Für uns Kinder lohnen sich die weiten Wege, denn überall gibt es entweder eine mittelgroße Apfelsine – zuweilen gar eine Blutapfelsine –, eine „Schlickstange", eine Tüte Studentenfutter, einige Bonbons oder selbstgebackene Plätzchen.

Mein guter, alter Brotbeutel, von Vater einst aus dem Krieg mitgebracht, füllt sich schon ganz schön. Die zerbrechlichen Kuchen verzehren Treu und ich allerdings sogleich. Auf dem ganzen Weg treffen wir Kinder, die ebenfalls Karten austragen und sich an den leckeren Sachen gütlich tun.

Ich mache auf dem Norderdeich entlang einen kleinen Abstecher zum Knopp – *tu 'e Knupp* –, wo Kicke Bonnichsen Konfirmation feiert. Auf dem Weg dorthin fällt mir ein, daß er und mein Bruder Fidi, sich gegenseitig vorn am Haarschopf gepackt, auf dem Schulhof sich eine ganze Pause hindurch gegenüberstanden, weil keiner als erster loslassen wollte. Schließlich entdeckte sie Lehrer Nissen und trennte die beiden Kampfhähne. Vor Unterrichtsbeginn sollten sie nun vor der Klasse den Grund ihres Streites angeben. Nach anfänglichem Zögern sagte Fidi: „Christian hat mich ‚Rotfuchs' genannt", worauf Kicke sich verteidigte: „Ja, aber Friedrich nannte mich vorher *Ounekulev.*" – „Und was heißt *Ounekulev?*" wollte Küster Nissen wissen. „Buttermilchkalb", war Kickes kaum hörbare Antwort.

Von Broderswarft aus folge ich dem unmittelbar davorliegenden Außendeich in südlicher Richtung nach Lüttjenswarft. Beide Warften wie auch die Tudenswarft hätten, erzählte Großmutter einmal im Schummern, das große Glück gehabt, bei der Eindeichung der damaligen Hallig Fahretoft um 1685 gerade noch vom neuen, schützenden Deich mit einbezogen zu werden. Bei Sturmfluten zwar wehe der Gischt der Nordsee noch gelegentlich auf die dicht hinter dem Deich liegenden Reetdächer, aber eine Gefahr für die Bewohner bestehe nicht mehr.

Andere Warften dagegen hätten draußen vor – „butenvör" – bleiben müssen und wären inzwischen längst von der Nordsee zerstört und eingeebnet worden. Es werde sogar gesagt, weit vor der Broderswarft habe einmal ein Wald, der Osewold, gelegen. Aber das sei noch viel länger her.

Ich habe bei dem schönen Frühlingswetter keine Eile, und Treu ist hier in seinem Element. Er rennt hin und her und erwischt dabei einige Feldmäuse, die er mit sichtlichem Appetit verzehrt. Der ganze Deich soll, wie ich von Vater hörte, von Mäusen unterwühlt sein, deren zahlreiche Löcher und Gänge die Sicherheit unseres Süderkooges bei Sturmfluten ernsthaft gefährden können.

Kurz vor Lüttjenswarft überquere ich die alte Holzschleuse, die seit der Eindeichung unseren Koog entwässert. Hier fingen Fidi und ich für Mutter Strandkrabben und holten Muschelkalk für unsere Hühner.

Auch auf dieser Warft wohnen Familien mit etlichen Kindern. In diesem Jahr kann ich sogar in alle drei Häuser – zu Grote Detlef, Heie Sönnichsen und zu Berte, der Wirtin einer winzigen Schankstube – Glückwünsche bringen. Die Karte für Jens Martensen auf Tychswarft überließ ich einem Mitschüler, um mir den weiten Umweg zu ersparen; außerdem trauen Treu und ich dem dortigen großen Hund nicht so recht.

Mit weiteren Süßigkeiten in meinem umgehängten Brotbeutel begebe ich mich nun auf die Wanderung am Seedeich entlang zur Tudenswarft. Mal von der Deichkrone aus den weiten Blick nach links ins Inland und nach rechts übers Watt zu den Halligen genießend, mal unten am Spülsaum – *deele bai 'e Teekwåll* – nach angeschwemmten, brauchbaren Dingen Ausschau haltend, schlendere ich dahin. Treu dagegen sucht immer wieder am sonnenbeschienenen Schräghang des Deiches aufgeregt nach Mäusen.

Hier sind wir ganz allein. Das breite Vorland ist in dieser frühen Jahreszeit völlig leer. Erst im Mai wird es wieder von Hunderten, wenn nicht gar von tausend Schafen bevölkert. Nur die Kiebitze, Austernfischer und Lerchen – *dä Lipe, Liewe än Lååsche* – sind bereits überall zu hören und haben sicher schon erste Nester gebaut.

Nach einer knappen Stunde erreiche ich mein nächstes Ziel. Hier auf der Tudenswarft werden Kinder von Toyens, Hinnerks und Krüschen Lük konfirmiert, während die von „Witte Jehann" und Jens Tüt noch weiterhin zur Schule gehen. Aber das sind natürlich nur die dorfüblichen Namen. Auf Mutters Umschlägen lese ich Richardsen, Sönnichsen und Christiansen, während die beiden anderen Familien richtig Christiansen heißen.

Ich treffe hier auf Konfirmanden, die nicht ohne Stolz heute erstmals lange Hosen tragen dürfen und damit zu den Erwachsenen gehören. Sie erscheinen mir, obgleich sie bisher mit mir zusammen in die „Grotschool" gingen, auf einmal fast fremd.

Auf dieser Warft wohnt auch mein Mitschüler Kalle, der im vorigen Jahr plötzlich eine schlimme Beinkrankheit – einige nennen sie Knochenfraß – bekam. Obwohl inzwischen verheilt, ist das Bein jetzt kürzer und noch schwach, so daß er nicht den weiten Weg zur Schule laufen kann. Er wird deswegen täglich auf einem stabilen Handwagen, einem Bollerwagen, von den auf Tudenswarft wohnenden Kindern in die Schule mitgenommen.

So lustig es aussieht, wenn er dort im Wagen fährt, so traurig ist der Grund, und die Erschütterungen bereiten ihm Schmerzen, denn ich bemerkte, daß Kalle sein krankes Bein während der Fahrt stets in der Schwebe hielt. Aber auch die ziehenden und schiebenden Kinder haben es nicht leicht, das schwere Gefährt fortzubewegen, zumal die Strecke sicherlich drei Kilometer mißt und zum Teil über einen schmalen Fußsteig führt. Doch ermöglicht die tatkräftige Hilfe seiner Mitschüler, daß er wieder regelmäßig am Schulunterricht teilnehmen kann.

Weiter führt mein Weg auf dem Amtmannsdeich entlang bis zu den beiden Warften Burg und Bottschlott, womit ich dann wieder auf den Holländerdeich treffe. Hier wie auch auf der Maiens- und Bahnenswarft gebe ich meine letzten Karten ab.

Müde, aber mit vielen süßen Sachen beladen, kehre ich nach Hause zurück. Meinen großen Bruder Fidi, der schon konfirmiert ist und deshalb nicht mehr mitgehen konnte, lasse ich an meinem Reichtum teilhaben. Die kleinen Geschwister hingegen, die Karten in die nähere Umgebung trugen, verfügen selbst über einigen Vorrat, den sie stolz vorzeigen.

Fidi errechnet, daß Treu und ich auf unserer Dorfrundreise mehr als zwölf Kilometer zurücklegten und fünf Stunden unterwegs waren. Kein Wunder, daß wir beide jetzt so müde sind. Treu schläft bereits zusammengerollt auf seinem Lager in der Küchenecke und träumt gewiß von den vielen Mäusen am Seedeich. Auch für mich war es ein schöner Tag, und noch im Einschlafen nehme ich mir vor, im nächsten Jahr wieder die gleiche Rundtour zu machen.

Abschied von Großmutter

Nach unserer Rückkehr aus dem Gotteskoog im Jahr 1922 war für mich bis zur Regelung des Umzugs ein vorübergehender Aufenthalt bei meinen Großeltern in Fahretoft vorgesehen. Von Anfang an fühlte ich mich in dem schönen, alten Friesenhaus heimisch und fand eine so liebevolle Aufnahme, daß ich es mit meiner Übersiedlung auf die Gabrielswarft zu meinen Eltern und Geschwistern nicht gerade eilig hatte.

Ich bekam meinen Schlafplatz bei Großvater auf der Kellerkammer in einem geräumigen Bett für mich alleine und hörte dort abends vor dem Einschlafen Geschichten aus seinem langen, abwechslungsreichen Leben. Die tägliche Schummerstunde vor dem Abendbrot führte uns drei in der gemütlichen, warmen Stube zusammen. Abends dann ließ Großmutter das Spinnrad schnurren, Großvater rauchte eine seiner langen Pfeifen, und ich las Märchen oder malte auf einer uralten Schiefertafel Hunde, Kühe und Pferde.

Allerdings nahm auch das Stopfen meiner Strümpfe häufig Zeit in Anspruch. Als Großmutters Sehkraft mehr und mehr nachließ, hatte sie mir diese „Kunst" beigebracht. Nach einiger Übung konnte ich mit dem wechselnden Auf und Ab des dicken selbstgesponnenen Fadens bald ein hübsches Muster fertigbringen. Dadurch machte es beinahe Spaß, und Großmutter lobte mich entsprechend.

Leider scheuerten die allgemein von uns getragenen Holzschuhe unsere Strümpfe immer wieder an den Hacken durch. Da aber Löcher, die bei jedem Schritt „aufleuchteten", sehr verpönt waren, blieb mir nichts anderes übrig, als jeden Abend die Fersenbereiche auf etwaige Schwachstellen hin zu überprüfen.

Sonst aber umsorgte Großmutter mich, wie ich es zu Hause bei vier weiteren Geschwistern, unserer Gastwirtschaft und dem bäuerlichen Betrieb nicht erwarten konnte. Besonders bei meinen anfänglichen Schwierigkeiten in der Schule, nach den Ausfallzeiten im Gotteskoog nun den Anschluß zu finden, war Großmutter mir eine verständnisvolle, unverzagte Verbündete. Täglich übte sie mit mir Lesen und Schreiben und scheute sich nicht, Lehrer Kruse die Gründe für meine mangelhaften Kenntnisse darzulegen und eine Nachholfrist zu erbitten.

Andererseits konnte ich meinen Großeltern in mancher Hinsicht nützlich sein: beim Bäcker Brot holen, einkaufen bei unserem Krämer, beim Abwaschen helfen, Feuerung hereinbringen und sonnabends Gabeln und Messer „putzen", sie also mit Asche und feinem Schmirgelpapier vom Rost befreien; die einzige langweilige aller Arbeiten.

Ich fühlte mich hier so recht wohl und konnte zudem nach Belieben immer mal zu Hause sein. Mein freiwilliger Aufenthalt bei den Großeltern hatte sich auf fast vier Jahre ausgedehnt.

Großmutter war 78 Jahre alt, als sie über heftige Schmerzen im linken Fuß klagte. Nach einem abendlichen Fußbad bat sie mich, den großen Zeh mit meinen „noch guten Augen" einmal genau zu untersuchen, weil er fortwährend schmerze; dort müsse irgendeine auffällige Stelle sein.

Ich holte aus der Küche unsere hellste Petroleumlampe, deren blanke Scheibe einen guten Widerschein warf, und stellte sie vor Großmutters Lehnstuhl auf den Fußboden. Gründlich besah ich mir die Zehen und den gesamten Fuß, aber eine Wunde oder auch nur eine blaue Stelle fand ich nicht.

Die anhaltenden Schmerzen, die sich nach und nach auf das ganze Bein ausdehnten, bedrückten Großvater und mich zunehmend und überschatteten unseren bisher so friedlichen Alltag. Schließlich willigte Großmutter auf unser Drängen hin ein, Dr. Michelsen aus Niebüll bei einem seiner nächsten Krankenbesuche in Fahretoft um Rat zu fragen. Seitdem er ein Auto besaß und nicht mehr auf sein Pferdefuhrwerk angewiesen war, kam er häufiger ins Dorf. Ich wurde zur kranken Nachbarin Tante Schmitt geschickt, wo der Doktor allwöchentlich auf seiner Dorfrundtour vorsprach, um zu bitten, unseren Wunsch nach einem Besuch weiterzugeben.

Einige Tage später kam Dr. Michelsen zu uns herein, und ich nutzte die Gelegenheit, sein neues Auto in Augenschein zu nehmen, das vor unserem Haus stand. Zwar kam alle paar Tage mal ein Auto auf unserer Dorfstraße entlanggefahren, aber ein haltendes begutachten zu können, war eine Besonderheit. Wenn ich bei meinen Eltern auf der Gabrielswarft bin und wir Kinder hinten bei Bottschlott ein Auto ankommen sehen, rennen wir zum Holländerdeich hinunter, um es im Vorüberfahren zu bestaunen. Wir kennen auch schon einige Marken wie Adler, Ford und Dixi, von denen die meisten offen sind, so daß man von oben hineinsehen kann. Bei eintretendem Regen können die Fahrer aber mit einiger Mühe ein Verdeck darüberziehen, wie ich beobachtete.

So war es auch bei Dr. Michelsens Auto, an dem sich außen neben der Windschutzscheibe eine blanke Hupe mit großem Gummiball befand – zu gern hätte ich mal darauf gedrückt! Ebenfalls außen waren zwei lange Stangen angebracht: nach Fidis Meinung Bremse und Ganghebel. Mit seinen blanken Teilen am Kühler und dem Reserverad hinten war das Auto im ganzen herrlich anzuschauen.

Ich ging immer noch mal rundherum und merkte nicht, daß Dr. Michelsen schon zurückgekommen war. Er fragte mich, ob ich sein neues Auto denn leiden möge, was ich natürlich bejahte. Als er mich gar fragte, ob ich ein Stück mitfahren möchte, war ich selig. Der Doktor öffnete mir die linke Tür, und ich setzte mich auf eine hochgepolsterte Lederbank, während er vorne an der Kurbel zu drehen begann, um den Motor anzuwerfen. Dabei geriet das ganze Auto ins Schaukeln, aber der Motor wollte offensichtlich nicht schon wieder laufen. Dr. Michelsen verstellte nun am Lenkrad mehrere Messinghebel, und endlich hatte sein neuerliches Kurbeln Erfolg.

Er wischte sich den Schweiß von der Stirn und setzte sich rechts ans Steuer. Die Außenstangen knarrten, der Motor brummte auf, und das herrliche Fahrzeug setzte sich in Bewegung. Schon zogen die Schmiede, die Post und das „Arbeitshaus" an uns vorüber. Wie schade, daß meine Freunde nicht dabeiwaren! Platz für sie wäre noch auf der hinteren Bank gewesen. Der Bauernhof Krüschen Fedders kam heran, und bei Wille Ebsen hielt der Doktor an. „*Sü, man Dring, nü lup mån gau wi' tubeeg!*" (So, mein Junge, nun lauf man schnell wieder zurück!) meinte er; ich bedankte mich und rannte nach Hause.

Voll meines neuen Erlebnisses, kam ich bei den Großeltern an. Beide saßen schweigend in der Stube, und ich merkte gleich, daß sie sehr traurig waren. Ein Rezept lag mitten auf dem Tisch. Großvater erhob sich schwer und ging in den Stall. Zögernd folgte ich ihm. Als wir dort so alleine waren, sagte er nach einer Weile: „Jo, mien Jung, för uns kummt nu en harde Tied. Wat ick all ohnt heff, hett de Dokter nu seggt: Großmudder hett de kole Brand in'e Been. He kann uns ni helpen." – „Ober de Dokter hett doch een Rezept för Medizin opschräwen." – „Jo, dat wull. Ober bloot gegen de Wehdog. Morgen kannst du no de Apothek ropfohren un de Medizin holen."

Ich hockte mich im leeren Stall auf einen Melkschemel nieder, während Großvater auf und ab ging. Ohne Großmutter würde nun alles trostlos und öde werden. „Weet Großmudder, dat se starwen mutt?" fragte ich in die Stille hinein. „Jo, dat weet se wull. Väle ole Lüüd in uns Dörp starwen doran. Dat fangt in'e grote Tohn an un geiht denn immer wieder no bowen."

Doktor Michelsen hatte Großmutter Tropfen gegeben, und so waren die Schmerzen wohl vorübergehend erträglich. Ich half beim Vorbereiten des Abendbrotes, wir aßen wie immer um diese Jahreszeit schon bei Tageslicht und gingen an diesem Abend früh ins Bett.

Am anderen Morgen holte ich mir aus dem Elternhaus unser Damenfahrrad. Zwar konnte ich noch nicht vom Sattel aus die Pedale erreichen, aber im „Stehen" kam ich auch gut voran und vor allem, es ging viel, viel schneller als zu Fuß. Ich zog meinen Sonntagsanzug und dazu meine Lederschuhe an und machte mich mit dem wohlverwahrten Rezept auf den Weg. Es war das erste Mal, daß ich alleine nach Niebüll fuhr, und mir war bei diesem Auftrag nicht sehr wohl zumute.

Der Kleiweg auf dem Moordeich war zum Glück schon so trocken, daß ich weite Strecken fahren konnte und nur selten das Rad um die nassen Stellen herumschieben mußte. Sorge aber machte mir der Hütejunge – „de Harder", *di Jörder* – der die Kühe aus Maasbüll am Deich entlang beaufsichtigte. Alle Kinder meines Alters hatten Angst vor ihm, weil wir seine oft freche Art fürchteten.

Beklommenen Herzens hielt ich nach den Kühen und ihrem Hüter Ausschau, und richtig: Dort stand er schon auf einen langen Stock gestützt mitten auf dem Deich. Er war groß und hager und dürftig gekleidet. Den ganzen Sommer über sammelte er die Kühe der ärmeren Bevölkerung frühmorgens ein, weidete sie am Deich entlang bis zum Sielzugswall und trieb sie zum Abendmelken langsam zu ihren Besitzern zurück. So wie sie sich morgens auf sein Signal selbständig seiner Herde anschlossen, so fanden sie abends in ihren Stall zurück, ohne daß der Hütejunge sich darum mühen mußte.

196

An Regentagen trug er alte, schwere Mäntel, die aber selten wasserdicht waren. Eine zweirädrige Karre mit einem kleinen Dach darüber und einer Stroheinlage stand zeitweilig unten am Deich als Schutz gegen Regen und Kälte bereit. Da die Kühe aber immer grasend auf Wanderschaft waren und der Hütejunge die schwere Karre nicht ständig mitziehen konnte, war diese Unterkunft nur gelegentlich von Nutzen. So hatte er nur bei trockenem Wetter gute Tage und vertrieb sich seine Langeweile häufig durch mehr oder weniger erzwungene „Gespräche" mit Vorüberkommenden, sofern er sich ihnen überlegen fühlte.

Diesmal war ganz offensichtlich ich solch ein willkommener Gesprächspartner. Er gab mir zu verstehen, daß ich anhalten sollte, und schon begann er zu fragen:

„*Hü håttst dü?*" (Wie heißt du?)

„*Weer kammst dü jurt?*" (Wo kommst du her?)

„*Hü hått dan Täte?*" (Wie heißt dein Vater?)

„*Weer wäät dü hane?*" (Wo willst du hin?)

„*Wat wäät dü deer?*" (Was willst du da?)

Als er hörte, daß ich zur Apotheke müsse, fragte er, ob denn meine Mutter krank sei. „*Nåån, min Åål äs swåer krunk.*" (Nein, meine Großmutter ist schwer krank.) – „*Na, dann sie mån tu, dåt dü foon't Stää kammst!*" (Na, dann sieh man zu, daß du weiterkommst!) Und als ich schon wieder auf den Pedalen stand, hörte ich noch: „*Än dann gou bäädring for din Åål!*" (Und dann gute Besserung für deine Großmutter!) Erleichtert über den glimpflichen Verlauf des unfreiwilligen Aufenthalts und nachdenklich gestimmt durch seine guten Wünsche für Großmutter, setzte ich meinen Weg fort.

In Deezbüll mußte ich, wie ich wußte, gleich links abbiegen, um in der Koogsreihe die alte Apotheke von Godske Hansen zu finden. Nach einigem Suchen stand ich vor dem Haus. Die Türglocke schellte, und ein vornehmer, dunkler Raum mit fremden Gerüchen nahm mich auf. Der Apotheker im weißen Kittel fragte nach meinem Wunsch, und ich kramte das Rezept aus der mit einer Sicherheitsnadel verschlossenen Tasche hervor. Dann sollte ich mich auf die kleine Bank rechts neben der Tür setzen, wo ich schon mal mit meinem Bruder Fidi, wenn auch nur als Begleiter, gewartet hatte.

In der Apotheke herrschte gedämpfte Geschäftigkeit. Ein Mörser erklang, und einigen der vielen dickbauchigen, braunen Flaschen, alle mit einem großen weißen Etikett versehen, wurden Flüssigkeiten entnommen. Auf einer zierlichen Waage wog Apotheker Hansen weißes Pulver ab und verpackte es jeweils in gefaltetes Papier. Schließlich stellte er noch eine kleine braune Flasche auf den Ladentisch und verknotete mit einem dünnen, weißroten Bindfaden geschickt den Korken, damit er nicht unterwegs herausrutschen konnte.

Nach ungefähr einer halben Stunde verließ ich die Apotheke mit der kleinen, in Papier gedrehten Flasche und den Pulverportionen in einer flachen Tüte. Ich verwahrte alles in meiner Tasche und verschloß sie mit der Sicherheitsnadel. Die Rückfahrt verlief ohne Störungen, da der Hütejunge mich nicht beachtete. So kam ich bald zu Hause an, wo Großmutter schon auf die Medizin wartete.

Doch ihr Zustand verschlechterte sich von Tag zu Tag. Ich wurde zu meinen Eltern auf die Gabrielswarft umquartiert, und Mutter und Tante Mete übernahmen die traurige, aussichtslose Pflege. Schließlich hatte Großmutter ihre Schmerzen überstanden und lag friedlich im Pesel aufgebahrt.

Von nun an kam Großvater täglich zu meinen Eltern zum Essen, und abends ging ich mit ihm wie früher auf die Kellerkammer zum Schlafen. Zuvor aber trat er mit der kleinen Petroleumlampe in der Hand in den Pesel, „um no Mudder to sehn". Als ich beim erstenmal zögerte, meinte er: „Großmudder weer immer gut to di, as se lebendi weer, denn ward se di ock nix andoon, wo se nu dood is." So folgte ich ihm in den Pesel und hörte ihn in seiner ruhigen Art sagen: „Jo, Mudder, du harrst et nich licht in dien Läben un hest nu dien verdeente Roh. Doch Max un mi warst du ordi fehln." Sachte strich er ihr über die gefalteten Hände, und meine anfängliche Scheu war verflogen.

Nach etwa einer Woche wurde Großmutter beerdigt. Außer den zahlreichen Dorfleuten sah ich nun auch viele fremde Gesichter

„... eine Erscheinung, wie man sie noch auf Bildern von Carl Ludwig Jessen finden kann."

aus Großmutters weitläufiger Verwandtschaft. Besonders aus der Boysen-Familie kamen viele mit Federwagen und Gigs aus der Umgebung von Risum und Lindholm, unter denen mir der betagte Kikke Boysen von der Gastwirtschaft in Risum besonders auffiel. Nicht nur seine stattliche Größe, sondern auch seine altertümliche schwarze Bekleidung mit dem langen Rock und den Samtaufschlägen, die einen grünlichen Schimmer trugen, blieben mir in Erinnerung. Im Gegensatz zu allen anderen Zylinderhüten, die blank und glänzend waren, schien seiner erheblich höher und aus vornehmem, sorgsam gebürstetem Haarfilz zu sein. In allem bot er eine Erscheinung, wie man sie noch auf Bildern von Carl Ludwig Jessen finden kann.

Als ich hinter dem Sarg an Großvaters Hand von unserer Südertür aus durch die lange Reihe der Trauergäste schritt und alle Hut oder Mütze abnahmen, erfüllte es mich mit Stolz, daß meiner geliebten Großmutter soviel Achtung erwiesen wurde.

Auf der Chaussee wartete der Bauernwagen von „Grote Broder"
auf den Sarg, und langsam setzte sich der lange Trauerzug, ange-
führt von sechs singenden Jungen, in Bewegung. An der Wegabbie-
gung vom Holländerdeich hinunter zum Friedhof begann wie immer das Geläut der Kirchenglocke, unter deren Klang wir die
Grabstätte erreichten.

Von nun an waren Großvater und ich alleine im Haus, das mir jetzt
so groß und leer vorkam. Wir schliefen weiterhin auf unserer Kammer, die Mäuse rannten wie früher in den „Kattschorrn" entlang,
und die Holzwürmer verrieten durch leises Ticken, daß sie immer
noch Gänge im alten Gebälk gruben; und dennoch war nun alles
anders.

Wenn ich jetzt am Sonntagmorgen länger im Bett blieb, fehlten
Großmutters so vertraute, schlurfende Schritte in der Küche,
ihre Selbstgespräche und ihr Hantieren am offenen Herdfeuer.

Neues Leben erfüllte das Haus, als meine Eltern nach Großvaters Tod mit uns Kindern einzogen. Nach dem Ableben meiner Eltern durfte ich auf diesem Grundstück mit meiner Familie die
Nachfolge in der zehnten Generation fortsetzen.

Nachwort zur friesischen Sprachform und Schreibweise

Wie bereits im Vorwort gesagt, sind die friesischen Zitate und Ausdrücke – sofern sie nicht von Sprechern der Nachbardialekte stammen – in der Fahretofter Mundart „Fräsch" wiedergegeben. Diese Ortsmundart weicht sowohl vom anderen Bökingharder „Küstendialekt", der Dagebüller Mundart, als auch und natürlich noch stärker vom sog. Mooringer „Frasch" ab, das in Niebüll-Deezbüll und in Risum-Lindholm und den angrenzenden Kögen gesprochen wird.

War es für den ersten Band noch Frau Ida Thomsen, geb. Boysen (1904–1996), die mir bei der Festlegung der genuinen Fahretofter Wort- und Lautformen zur Seite stand, so konnte ich diesmal auf die Hilfe von Frau Johanna Bonnichsen, Flensburg, einer gebürtigen Fahretofterin des Jahrgangs 1922, zurückgreifen.

Da die nordfriesische Nachkriegsorthographie mit ihrem eigenartigen Verzicht auf die Verdoppelung von Konsonanten nach kurzen Vokalen für dieses Buch ungeeignet erschien, wurde eine volkstümliche Schreibweise verwendet, die auch den mit dem Friesischen nicht vertrauten Lesern eine annähernd richtige Vorstellung von der Aussprache der friesischen Wörter vermitteln kann. Zu bemerken ist allerdings, daß auch die im Auslaut stehenden Vokale *u* und *ü*, z. B. in *tu* ‚zu' und *jü* ‚sie; die', kurz und offen, d. h. *o*- bzw. *ö*-haltig auszusprechen sind. In dem häufig auftretenden Diphthong *ou* – im ersten Band noch *öu* geschrieben – zeigt das *o* eine leichte *ö*-Färbung.

Die plattdeutschen Zitate und Ausdrücke erscheinen mit Anführungszeichen, aber anders als die friesischen ohne Kursivierung und – bis auf ein einzelnes Zitat – ohne Übersetzung.

Nils Århammar

Inhalt